2013年上海市大学生网络商务创新应用大赛

优秀作品精选

主　编　杨坚争　赵庚升
副主编　杨立钒　章学拯

中国出版集团　東方出版中心

目 录

代序 …………………………………………………………… 1

大赛简况 ……………………………………………………… 1

1 “十九街”——全方面O2O网站的建设……………………… 1

2 驾校通 ……………………………………………………… 14

3 “宅享购”——“上理”最便捷的网上超市 ………………… 26

4 维支付——移动终端下的二维码小额支付 ……………… 45

5 Divine-集二代废旧集装箱再利用推广计划 ……………… 57

6 基于电子商务平台的非物质文化传承研究 ……………… 69

7 探究电商代运营的校企合作新模式 ……………………… 79

8 微点移动应用 ……………………………………………… 94

9 基于O2O模式下的逛街导购平台——兜兜看………… 107

10 途途——旅游社交平台 ………………………………… 120

11 基于C/S模式的儿童安全网 …………………………… 135

12 佐米堂时尚购物社区营销推广方案 …………………… 143

13 绿色生态电子庄园 ……………………………………… 158

14 基于CMC模式的大学生结伴旅游创新平台 ………… 171

15 I果派生活馆 …………………………………………… 187

16 关爱之家老年人系统平台——基于网络的
家庭养老 ………………………………………………… 195

17 目标养成计划 …………………………………………… 206

18 网购消费者权益保护——E维权网站策划书………… 216

后记 ………………………………………………………… 225

代序

彰显网络商务价值　实现创新创业梦想

——在2013年上海市大学生网络商务创新应用大赛闭幕式上的点评

杨坚争

各位领导、各位来宾、老师们、同学们：

下午好！

很高兴有这么多同学参加本次比赛。

近两年来，我国电子商务发展极为迅速。2012年，全国电子商务交易额达到8.02万亿元。新的热点连续不断。今年，互联网金融又成为世人关注的热点，第三方支付、P2P网贷、供应链金融成为人们街谈巷议的话题。同学们能够积极投身到这一朝气蓬勃的行业，未来将可以大有作为。

我们今年的比赛，突出表现以下几个特点：

(1) 思路进一步开拓。今年参加比赛的作品涉及网络购物、电子金融、社区服务、交通服务、社交服务、教育、殡葬服务、数据挖掘等十余个行业，涉及面很广。同学们通过接触这些行业，拓展了知识面，了解了电子商务应用的各个方面。

(2) 与实际的联系普遍加强。通过与企业的联系，很多选题正在探索企业实际问题的解决。如上海对外经贸大学有关邮储银行发展网络信贷问题、移动飞信的校园应用，东华大学的社区养老解决方案，东海学院的呼叫中心方案等。这种状况说明，上海高校与企业生产实际的联系进一步加强，而且在与实际接触中对商业模式有了新的认识和新的探索。

(3) 部分项目实际运作初见成效。一些项目已经进入实际操作阶段，如上海对外经贸大学的七点快递，上海理工大学的宅享购，上海第二工业大学的驾校通等，并取得一些实际的经济效益。这种情况反映出上海高校大学生对经济的敏感性和经济核算的思路。

当然，本次比赛也暴露出一些需要注意的地方：

(1) 部分团队仍然没有跳出学校的小圈子，特别是学生消费团体的圈子。改变这种情况需要拓展自己的视野。大学生仅仅是消费群体很小的一部分，更大的消费人群在社会上。要把创新创业的立足点放到整个社会，眼光要关注全社会不同群体的需求。例如，华东政法大学在消费者权益保护领域和上海医疗器械学院在移动环境下云端检测系统的探索，都是很好的尝试。

(2) 团队合作精神需要进一步强化。电子商务的创新创业要依靠团队，所以，要注意发挥团队的力量。有的团队在网上开展女性产品的销售，但团队中的三位女性都不发言。实际上，这个领域，恰恰是她们应当活跃的领域。有的团队分工不明确，部分同学对自己负责的一部分工作不能很好地阐述。这是同学们需要注意的。

(3) 演讲的艺术需要进一步提高。演讲是一门艺术，在短短的十五分钟要讲明一个项目的全部情况，实际上是非常困难的。但所有的阐述不外乎三个问题，一是为什么要启动这个项目，英文叫"Why"；二是怎么干这个项目，英文叫"How"；三是这个项目会产生什么效果，英文叫"What"。清晰地回答这三个问题，就是一个很好的演讲。这方面，还需要同学们刻苦地训练和进一步地改进。

同学们，我国正处在一个重要的战略机遇期。经济全球化使全世界形成了一个统一的大市场。而互联网技术的广泛应用，又使这个市场演变为两个截然不同的分市场：实体市场和互联网市场。两个市场、两种经济形态并存的局面将成为未来世界竞争的主要格局。我们一定要紧紧抓住这一重要的战略机遇，拓展思路，不断创新，为上海市电子商务的更快发展，为中华民族的再次腾飞做出自己的贡献。

谢谢大家！

2013年10月19日

(作者为上海理工大学教授、博士生导师)

大赛简况

2013年10月19日,2013年上海市大学生网络商务创新应用大赛暨“邮储银行杯”第六届全国大学生网络商务创新应用大赛上海赛区比赛在上海对外经贸大学举行。

本次比赛作为上海市教委主办的大学生学科竞赛项目之一,由上海对外经贸大学和上海市电子商务促进中心联合承办。比赛旨在激发大学生对于企业和社会的认知和了解,提升创新应用互联网工具平台与商业实践的能力,促进大学生的就业与校企合作实践教学创新。

本届赛事自2013年4月在上海对外经贸大学启动以来,共有23所院校的177支团队取得参赛资格。经过初赛筛选,120支参赛团队获得参加复赛的资格。复赛阶段,参赛团队利用暑期进行项目实践活动,58支团队通过了复赛评审而晋级,取得了参加上海赛区决赛的资格。这58支团队中的48支本科组团队于10月19日分不同主题赛,在4个赛场展开角逐,10支专科组团队在1个赛场进行决赛。

来自上海地区多所高校的电子商务专业负责人、互联网企业负责人及邮储银行上海分行电子银行部领导等受邀担任本次赛事的决赛评委,对来自上海地区15所高校的58支入围团队进行专业评审。

本次大赛包含“商务模式创新”、“创新应用开发”、“网络金融与支付”等六大主题,并按照参赛团队性质分为本、专科两类组别进行比赛。经过六个多小时的拼杀对决,来自上海理工大学的尚理梦之队团队(方案名称:宅享购)、来自上海电力学院的driveit.cn团队(方案名称:驾校通)和来自上海对外经贸大学的正无穷团队(方案名称:“目标养成计划”)分获本次上海赛区本科组冠亚季军;来自上海民远职业技术学院的十八岁的天空团队(方案名称:探究电商代运营校企合作新模式)、来自上海医疗器械高等专科学校的The Young团队(方案名称:邮储银行如何发展移动支付)和来自上海市东海职业技术学院的团队(方案名称：安徽明光绿色生态电子科技庄园)分获本次上海赛区专科组冠亚季军，同时本科组、专科组的其他各项奖项也一一决出。根据赛事规程，包括冠亚季军在内的 12 支本科获奖团队和获得冠亚季军的 3 支专科团队将代表上海市角逐 11 月 17 日在北京举行的“邮储银行杯”第六届全国大学生网络商务创新应用大赛总决赛。

在闭幕式上，上海对外经贸大学副校长徐小薇、上海市教委高教处赵丽霞、中国互联网协会全国大学生网络商务创新应用大赛组委会常务副主任刘芳、上海市电子商务促进中心主任李悦、邮储银行总行电子银行部处长宋妍、邮储银行上海分行电子银行部总经理吴玲敏等领导、嘉宾莅临现场并参加了赛后的颁奖典礼。徐小薇副校长代表主办方上海对外经贸大学在颁奖典礼上致辞。她在致辞中回顾了全国大学生网络商务创新应用大赛所走过的历程，对本次大赛各位专家教授的严格评审、参赛选手的积极参与以及工作人员的辛勤工作表示了衷心的感谢。

本次“邮储银行杯”全国大学生网络商务创新应用大赛上海赛区决赛得到了上海多家媒体的关注，上海电视台、上海教育电视台、新民晚报、青年报、文汇报、新闻晨报和新闻晚报等多家媒体对此次大赛进行了采访。主办方代表，上海对外经贸大学电子商务专业主任章学拯老师及大赛组委会常务副主任刘芳等接受各媒体记者的采访并回答了关于赛事的相关问题。

2013 年 10 月 19 日晚，上海教育电视台和《新民晚报》通过视频和文字报道了此项赛事。

下图为比赛现场。

2013 年上海市大学生网络商务创新应用大赛比赛现场

1 “十九街”——全方面 O2O 网站的建设

参赛团队：上海海洋大学　电商一号团队
参赛队员：贾武菊　张钰研　龚　进　金　鑫　李晓雯
指导老师：管红波
获奖情况：上海市大学生网络商务创新应用大赛一等奖
关键词：十九街 O2O 模式

1.1 项目概要

1.1.1 创意来源

近年来，得益于网络基础环境的改善，支付平台的安全性的提升，以及物流瓶颈的逐渐疏通，以 B2B 和 C2C 为代表的电子商务企业规模增长迅速。然而，随着互联网上本地化电子商务的发展，信息和实物之间、线上和线下之间的联系变得更加紧密，传统电子商务的弊端愈加显现。美食、瓜果、饰品等这类需要用真实的“望、闻、问、切”等一系列消费感触和消费体验来获取购买信息的商品，仍然需要消费者去真实的店铺体验和感受，如何通过互联网实现这些商品无可替代的消费体验成为一个问题。在这种情况下，O2O（Online To Offline）电子商务模式应运而生。所谓 O2O 模式，是指消费者在网上下单并完成支付，获得订单消费凭证，然后到实体店进行消费。O2O 让电子商务网站进入一个新的阶段，它使消费者兼得线上订购的便捷、实惠和线下消费的完美体验。

对于电子商务来说，O2O 是一个增量的市场。据研究数据显示，2012 年中国O2O市场规模为986.8亿元，预计2015年将达到4 188.5亿元。目前国外已有许多O2O模式的网站，且不乏一些比较成功的网站，如Uber、J Hilburn、Getaround、Airbnb等。而我国国内的O2O模式还主要集中在团购方面，但团购只是O2O模式中的初级商业方法，是低折扣的临时性促销，且对于商家来说，团购这种方法没有可持续性，很难变成长期的经营方法。显然，设计一个集线下商户的发现或推荐、在线支付、营销效果监测于一身的O2O网站将会有很大的市场和卖点。

因此，我们团队开发了完全遵循O2O模式规则的网站——十九街。它是一个完整、简捷的生活服务平台。

1.1.2 十九街简介

一个优秀的O2O平台，必定是能够提供符合特定用户群体需求的有价值的产品，并通过培养用户依赖，让用户用得放不下。十九街是一个生活服务平台，倡导“三公里开店”系统。

十九街提供的服务一方面面向商家，另一方面面向用户。商业模式运行如图1-1所示。

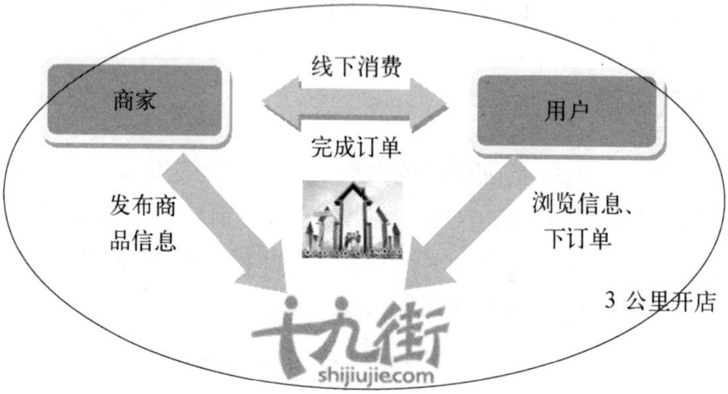

图1-1 十九街商业模式简略图例

对于商家来说，十九街为商家提供商品、服务的展示以及网上订单处理功能，并以其强大的市场推广作用，在扩大商家影响力的同时降低商家运行成本，为商家带来更多的利润。鉴于此，网站将吸引大量的商家入驻。

对于用户来说，为用户提供优质全面的周边商品和服务信息以及网上订购或者电话订购服务，让用户在网上方便快捷地寻找到自己所需的商品，通过节约用户到商家挑选商品所需的排队时间成本并享受网站专门提供的折扣优惠，吸引大量的用户通过网站来完成购买并到商店消费。

紧随网页版十九街的开发，我们还将开发十九街手机移动客户端，手机移动客户端预计要实现以下功能(参见图1-2)。

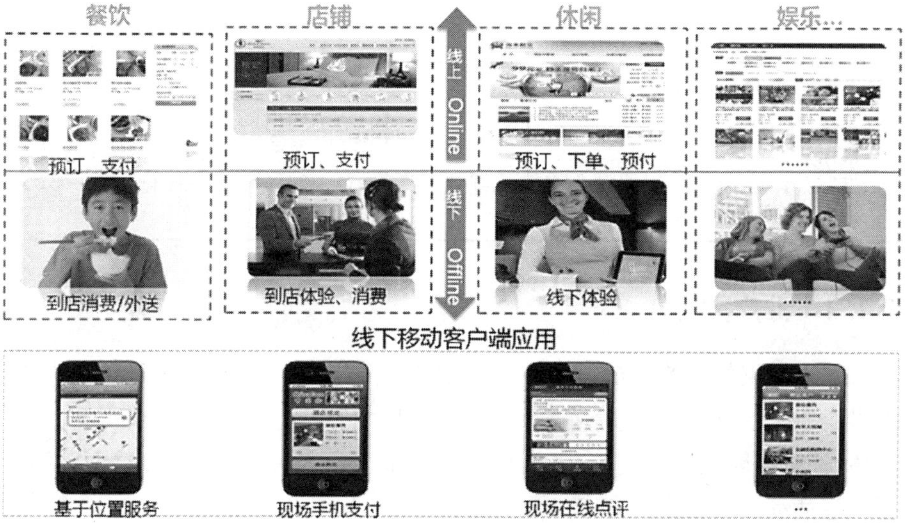

图1-2 手机移动客户端

1.1.3 十九街盈利模式

广告是十九街最基本的盈利模式。在O2O下，商家能轻松看到量化的推广效果，他们将更愿意把原来传统的营销方式转移到网站上来，规模化后广告费用的收入是非常可观的。

此外，十九街将在网站成熟后收取商家的网店装修等费用。十九街对普通注册的商家提供免费的基本模板店铺，但同时也会提供收费模板和会员功能模块，商家想要自己的店铺更加引人注目就会选择网站的付费模板等。随着网站规模的扩大，这也会形成十九街新的利润增长点(参见表1-1)。

表1-1 盈利模式

服务	面向对象	服务性质	收费名称	贡献比率	备注
商家入驻	注册商家	免费	无	0	需要提交工商营业执照
用户注册	注册用户	免费	无	0	无

续 表

服 务	面向对象	服务性质	收费名称	贡献比率	备 注
首页显示	注册商家	免费+增值服务	广告费竞价排名费	20%—25%	根据在首页显示的位置,实现商家的竞价排名
精准营销	注册商家+合作商家	增值服务	广告推广费	60%—65%	根据微信订阅号的每日推荐阅读点击量收取费用
个性化网页	注册商家	收费服务	店铺装修费	10%—20%	通用格式免费;高级模板、个性化:500—5 000元不等

1.1.4 推广方案

除了提供传统的生活服务平台外,团队将一对一上门宣传和签署协议,提供企业平台支持,帮助企业刊登招聘信息。利用学生资源,联合线上、线下宣传,通过校园联络大使,向各大高校宣传本项目平台,对注册的学生定期发布优惠活动。网站推广方案主要有三种形式:

1. 传统推广

(1) 合作商家资源互换,在商家贴上网站 Logo、网址等,向消费者传递网站的信息。

(2) 户外广告,如校园海报等,利用其高接触度及视觉创意表现,迅速建立网站知名度。

2. 线上推广

(1) SEM,依靠百度、谷歌等搜索引擎营销及网址导航,辅助引导用户体验十九街。

(2) SNS 营销,依靠微博、微信、博客、论坛、社区等社会化媒体进行互动营销。

3. 精准营销

建立庞大的 CRM 用户数据库,通过互动的创意邮件、短信等,对潜在用户进行推广。

1.1.5 网站框架构建

网站框架如图 1-3 所示。

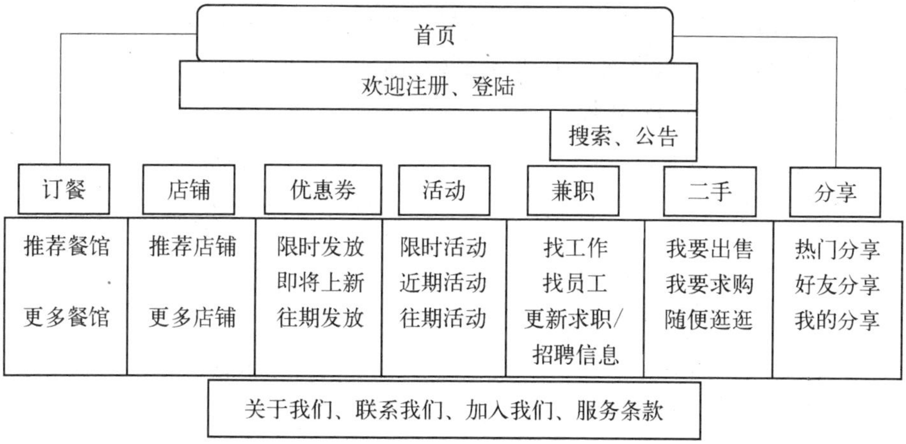

图 1-3 网站构架图

1.2 可行性分析

1.2.1 商业模式分析

随着互联网上本地化电子商务的发展,线上和线下之间的联系变得愈加紧密,O2O 让电子商务进入一个新的阶段。与传统电子商务相比,O2O 模式的主要区别参见表 1-2。

表 1-2 传统电子商务与 O2O 模式的区别

比较项	传统电子商务	O2O 电子商务
商业模式	电子营销+物流	电子营销+客流
产品类型	实体货品为主	服务为主
技术支撑	以传统互联网大规模数据信息交互为主	整合互联网、移动互联网、身份识别认证等多项技术
与实体经济的关系	与实体门店互相消减,相互竞争	一商多店,多渠道为实体门店吸引客流

1.2.2 市场分析

1. 目标市场

随着手机客户端的开发以及十九街内容的不断丰富与完善,十九街的目标市场逐渐从学校、周边居民区，扩大到商务楼及附近居民区。与此同时，网站的主要目标用户也将由学生，扩展到附近居民、办公白领等。

2. 十九街SWOT分析

优势：	劣势：
• 多元化的生活平台 • 区域优势 • 最大程度避免了恶意低价竞争 • 有利于优化和推广	• 盈利模式匮乏 • 核心竞争力有待提高
机遇： • 第三方软件伪点评率高	**挑战：** • 国内各大网站的快速建立

1.2.3 团队能力可行性分析

优秀的创业团队是创业成功的关键。十九街电商一号由来自上海海洋大学多专业的优秀队员组成，队员的能力、性格相互补充，组成良好的合作关系，而且队员拥有着极强的执行能力，形成了良好的多元化和优势互补的效果。

上海海洋大学作为国内著名的特色大学，能为团队的研究提供坚实的基础。上海海洋大学拥有诸多在电子商务、市场营销、产业经济方面颇有成就的专家和教授，能为该团队提供直接的指导。

1.2.4 财务可行性分析

1. 校园基金支持

团队的指导老师管老师长期从事电子商务领域的研究工作，且为我们团队提供了教学研究经费供团队使用。上海海洋大学有良好的支持在校学生创业政策，学校设立了扶持大学生创业的创业基金。团队申请创业基金的创业计划书，已通过大学专家的初审。前期的资金主要就是依靠管老师的教学研究经费，随着后期工作的展开，资金的缺口会通过团队、学校、企业等补上。

2. 财务预测

由于团队目前尚未盈利，根据我们自身情况，结合移动营销及传统互联网企业的财务数据，模拟了如下的财务情况(参见图1-4)。

根据网站的营运模式及盈利模式，网站在第一年争取收支平衡，预测企

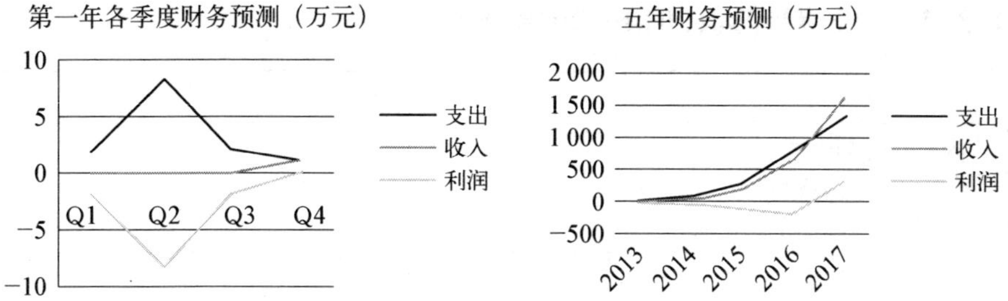

图 1-4　财务预测

业运行第二年开始盈利。在实践证明十九街商业模式可行的基础上,开始扩张规模加大投资,虽然在运营初期没有盈利但是利润率始终呈正增长,2017年后企业将进入较高的盈利期。

1.3　执行进度计划

1.3.1　初期计划(2013年度)

初期计划		
完成网站基本功能构建 一对一与临港商业圈商家洽谈,攻占临港市场 占领学生活动市场,通过学生用户吸引商家对我们的关注		
2013年5月—2013年7月(完成/正在进行)		2013年8月—2014年1月(计划中)
主要任务	筹建团队、完成分工 网页体系研发 商家调研,客户访谈 合作方洽谈	针对不同行业,细化网页模板和定价模式 完成临港商家入驻 开学季营销、线上线下推广
主攻市场	上海临港商圈	

团队认为,十九街的商务模式需要率先在一个区域做深,做透,形成市场壁垒。在检验测试出可行的商业模式后,再通过融资,扩大企业规模。如果能够尽快取得投资人的信任,成功融资,企业将短时期实现扩张,为投资人带来更大的回报。短期内,团队将以发展上海临港商圈市场为起点,扬帆起航。

1.3.2 中长期计划(2014—2018年)

<table>
<tr><td colspan="4">中长期计划</td></tr>
<tr><td colspan="4">网站升级和完善
移动客户端搭建
迅速圈地,拓展全国市场</td></tr>
<tr><td colspan="2">十九街网站建设</td><td>移动客户端</td><td>推　　广</td></tr>
<tr><td>主要任务</td><td>升级完善网站建设,修复网站漏洞
分析网站数据,研究用户需求</td><td>完成移动客户端搭建,实现手机订单管理
储备案例,研究用户需求</td><td>加大推广力度
坚持点与面相结合、线上与线下相结合的推广策略
打开白领市场</td></tr>
<tr><td>主攻市场</td><td colspan="3">开发上海市场,而后选择性复制到北京、广东、浙江,以及杭州、济南、青岛等全国重点省市,逐步推向全国</td></tr>
</table>

1.4 现阶段实践成果

1.4.1 网站构建成果

十九街网站(网址: http://www. shijiujie. com/)的基本框架已搭建完毕,功能模块已构建齐全,并初步搭建了以上海海洋大学、上海海事大学、上海电机学院为主的临港商业圈周边生活服务项目。目前网站的功能包括订餐、店铺、优惠券、活动、兼职、二手、分享及商家入驻,网站首页截图如图1-5所示。

图1-5　网站首页

1.4.2 不同用户界面

1. 个人用户

用户注册,支持 QQ 、人人 、微博等账号登录,签订网站免责协议,个人用户登录后,个人中心界面截图如图 1-6 所示。

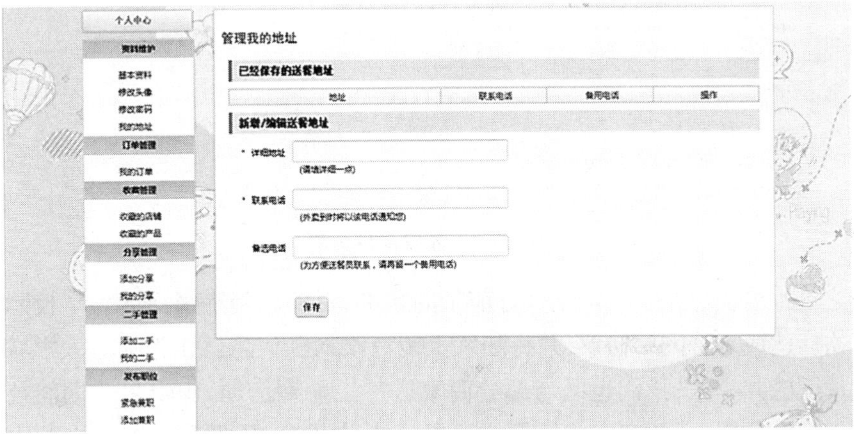

图 1-6 个人中心界面

其功能主要有:搜索商品,浏览网站,选择商品,加入购物篮,确定购买,网上支付或者货到付款,查看订单,催单留言,订单签收,退换货,评价,组织团购(团购,集体砍价),发布二手商品,想开店(实名认证,发布十个商品),发布兼职信息(实名认证),站内外邮件,QQ 网页启动等。

2. 商家用户

商家用户可以通过主页的“商家入驻”进行注册登记。商家入驻后可自助管理自己的店铺主页及查看相应的产品信息等(参见图 1-7)。

商家登录后,将获得以下服务支持:编辑店铺资料、发布商品、订单管理、销售统计、发布电子优惠券、发布本店兼职信息(信息显示在店铺招聘项目以及网站兼职项目)、短信接受订单功能设置、收发站内信息等。而且网站商家位置可以标注在区域地图中。商家也可以通过购买网站的各类设计页面来设计自己的网上店铺,从而吸引用户的点击,增加人气,达成交易。

1.4.3 网站推广

1. 商家一对一

我们已在临港新城片区开始推广十九街网站,通过走访附近每一户商家

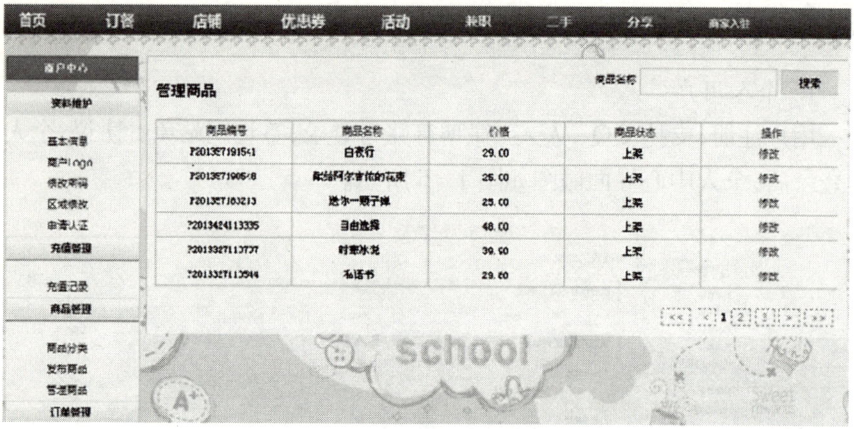

图 1－7　商家用户页面

与之进行洽谈。基于对网站良好前景的预期，目前已与上海海洋大学校园各餐饮店达成入驻网站协议，并将陆续上传商家入驻信息。作为临港大学城商业片区的共享区，我们也已与部分商家进行了前期沟通，由于暑假期间校园附近商家休假，多数商家将于开学后陆续上传信息，后期我们将扩大范围覆盖整个临港地区，实现区域范围内 90％商家入驻网站。

2. 百度搜索引擎优化

在百度输入“十九街”，搜索得到的结果，十九街网站显示在首页第一的位置。其他关键词正在设置中(参见图 1－8)。

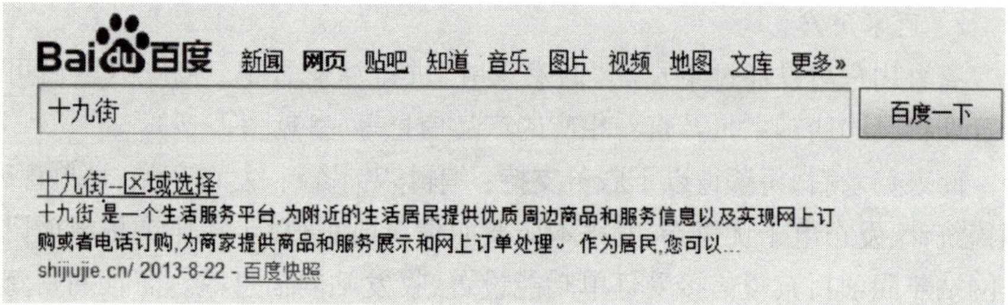

图 1－8　百度搜索页面

3. 官方微博

我们在新浪微博上开通了十九街网站的官方微博——@十九街_周边生活。官方微博的主要作用是通过平时发布一些生活小贴士、美食信息、商家的近期活动、优惠活动、趣味话题等微博提高人气，增加和消费者之间的互动。在互动的过程中，我们致力于把十九街的形象人格化，力争让十九街的形象丰满多彩，深入消费者内心，增加消费者和十九街之间的情感联系，为企业后期的成长提供助力。官方微博详情请点击 http://weibo.com/u/3640387491(参见图 1-9)。

图 1-9　微博首页

4. 官方微信

我们已创建微信公共账号：shijiujie，未来也将通过微信传播十九街信息，在手机移动客户端建成之前，第一步计划是通过微信渠道来实现手机下单功能，具体方案仍在探讨中(参见图 1-10)。

图 1-10　微信截图

1.4.4 用户使用情况

截至2013年10月13日，网站已有注册用户276名，图1－11为管理员系统截图。

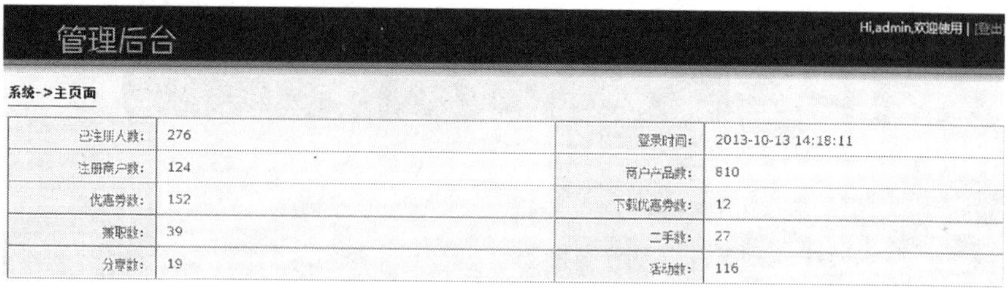

图1－11　用户使用状况

1.4.5 商家入驻情况

网站第一步搭建了以上海海洋大学、上海海事大学、上海电机学院为主的临港商业圈周边生活服务项目。目前，主要是吸引上海海洋大学和上海海事大学这一区域的商家入驻。截至目前，已有124家商户申请注册，其中有38家已上传商家注册信息并通过审核成功入驻，商家及产品还在陆续更新和上架，实现入驻商家100%签署服务协议。

1.5 十九街网站后续工作情况

目前网站的各功能模块已基本搭建完毕，能够实现商家网上展示和销售，密切商家和用户之间的关系，促进销售和方便商家以及用户，满足网站设立的目标。由于网站尚处于初步推广阶段，入驻的商家有限。随着后面网站功能模块的逐步完善及推广活动的开展，预计会有更多的商家加入到十九街中来。届时网站丰富的产品也将吸引到更多的用户来到十九街，进而吸引更多的商家入驻十九街。当形成这个正向效应之后，十九街网站就开始走上正规了。

未来我们会一方面优化网站的功能，提高商家和用户的使用体验，黏住已有的用户和商家；另一方面把这个成功的模式在其他区域进行复制，扩大十九街网站的经营范围。网站在上海区域运营成功之后,将在北京、广州、济南、青岛、杭州等城市逐步开展这个项目。

指导老师点评

随着线上选货,线下看货的O2O电商模式的强劲发展,通过线下体验店的展示增强用户体验,实现线上线下的有机结合,已成为电子商务破局的关键。本项目以十九街网站为切入点,设计网站为商家提供商品、服务的展示以及网上订单处理功能,并以其强大的市场推广作用,在扩大商家影响力的同时降低商家运行成本,为商家带来更多的利润。整体设计思路清晰,符合电子商务的发展方向,有较强的可操作性。

项目组分别从商业模式、市场、团队能力和财务等方面进行了分析,可行性分析做得比较深入。

项目组已经制订了初期和中长期计划,并付诸实施。从项目组的现阶段实践成果看,网站已有124家商户申请注册,其中有38家已上传商家注册信息并通过审核成功入驻,实现了入驻商家100%签署服务协议。这是非常可喜的现象,说明我们的同学正在将学校学习的理论知识与实践结合起来。

后续的工作除了继续做好招商工作外,还应注意电子商务企业的管理问题,特别是后续资金的支持问题。这方面的工作需要进一步的策划和更细致的安排。

2 驾 校 通

参赛团队：上海电力学院　Driveit. cn 团队
参赛队员：曾　超　洪国欣　曹青云
指导老师：王乐鹏　李春丽
获奖情况：全国大学生网络商务创新应用大赛一等奖(冠军)
关键词：驾考服务　信息平台　盈利模式

2.1 项 目 概 要

2.1.1 创意来源

全国各地学车考驾照可谓是人潮涌动，尤以“北上广”一线城市为甚。而今，上海地区驾校报名费又大幅上涨，产业链利益不透明的同时又添上层出不穷的“乱涨价”、“收红包”现象，广大学员大多处于被动局面，面临择校难、学费高、排队时间长的窘境。

2.1.2 项目定位与目的

本项目驾校通(网址：http://www.driveit.cn，参见图 2-1)定位于驾考服务平台，聚合各省市地区各个驾校的全方位信息，同时把握好学员与驾校之间的平衡点，最大程度保障学员的利益，并监督、控制驾校服务，为学员提供强有力的择校、助考服务，最终成为广大用户的网上报名学车的首选工具。

本项目的目的在于削减驾校培训行业利益链的中间环节，保障驾校行业服务质量的同时，打造用户、驾校、网站的“三赢”局面。旧传统利益链层次多、中间复杂，导致驾校运营成本高，并且可能因为少数角色牟取私利造成驾

图 2-1　驾校通首页界面

校培训费用不透明。新模式利益链的模式简单,搭建起学员与驾校之间的桥梁。为驾校增加了一条行之有效的招生渠道,区域经理可以更好地做好驾校工作安排,并进一步压缩牟取私利的灰色空间。同时教练在繁琐的学员培训工作外不再有庞大的招生压力,能够专心地教授培训学员。最终使培训费相应减少而学员的培训质量得到提高,为全国的驾驶员整体素质的提高贡献很大一份力量,有效地减少"马路杀手"的数量。新旧模式利益链具体如下:

(1) 旧传统利益链:驾校总部→区域经理→教练→广告→学员

(2) 新模式利益链:驾校总部→驾校通网站→学员

2.1.3　服务概况

(1) 驾校通网站根据用户相关信息智能筛选并为用户推荐一些最适合的驾校;

(2) 用户也可按所在区域、按学费高低、按开班速度快慢、按用户评价好坏等功能自主选择适合自己的驾校;

(3) 接入百度地图 API(应用程序接口)提供驾校地图定位服务,让用户知晓驾校具体地理位置,并查询相关交通路线;

(4) 利用 LBS(基于地理位置的服务)根据用户当前位置查询出附近驾校及相关信息;

(5) 用户可以参考网站的驾校"推荐指数"进行择校("推荐指数"由驾校通根据驾校合作协议、用户订单评价、驾校服务质量、驾校人气值、驾校信用度等因素综合计算获取);

(6) 用户报名快速便捷,无需注册,也无需提前交学费,只需提交手机号即可,并得到网站提供的相关订单号;

(7) 客服人员第一时间跟进,用户报名后,交给驾校负责,分配的教练第一时间联系学员进行体检,签订培训协议、提供练车培训并参加考试;

(8) 用户可根据手机号或订单号查询订单,成功签订学车协议的学员可对该驾校进行点评,并能追加评论,并能一键分享到SNS社交网络,比如:新浪微博、人人网、开心网等,以供其他用户参考;

(9) 用户接受驾校培训后,客服专员会定期回访学员并记录反馈意见;

(10) 网站提供"交规考模拟系统"让用户进行理论考练习,并设有专门栏目供用户观看练车视频、分享练车心得,以进一步掌握并巩固开车技巧。

2.2 市场分析

2.2.1 目标市场

本网站的目标客户群体定为所有想学车、考驾照并熟悉上网的人。预计主要的用户群体划分会以18—35周岁的年轻人居多,35—50周岁中年人群体次之。网站目的是为了改变当前普遍存在的学员欲学车、考驾照的"渠道少"、"学费高"和"驾校服务欠佳"的现象,从而在市场上牢牢地占有一席之地。

2.2.2 未来市场容量

本网站的未来市场容量(Market Volume)在1—3年内预计至少能吸引18 000名用户成功在网站报名、签订协议并接受正规驾校培训。例如:上海地区共有合作驾校100家,假设每月每家驾校至少有5人在网站报名,那么3年时间,至少应有3*12*100*5=18 000人,这也将从原来的传统线下报名学员比例中分出一小部分。

2.2.3 竞争优势

本网站综合对比其他竞争对手的服务特点,驾校通网站致力于搭建全方位驾考服务平台,用户不仅选择驾校的平台大、选择多,整个报名流程便捷、快速,并且驾校通可以监督驾校行业整个服务过程,以最大化保障用户利益,而不是纯粹的商家花钱交待网站只做广告的“跛脚”模式。

表 2-1 同行业竞争对手比较

服务＼网站	驾校通	114 学车联盟	找驾校	好教练网
是否需要注册	否	是	否	是
是否需预付款	否	是	否	是
数据更新速度	快	一般	慢	一般
价格优惠策略	有	有	有	有
团报活动策略	有	无	无	无
评价监督体系	有	无	无	无
地图定位服务	有	无	有	无

2.3 平 台 搭 建

网站采用 JSP+MySql 技术支持实现,下面是网站的系列效果图。

(1) 具有商务气息的网站首页(参见图 2-2)。

图 2-2 驾校通网站界面

(2) 网站为用户智能筛选并推荐最适合的驾校(参见图2-3)。

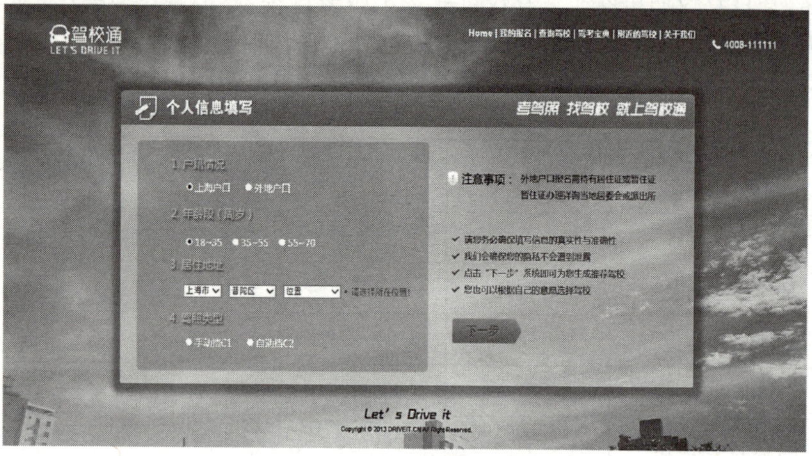

图2-3 网站智能筛选界面-1

(3) 用户可按所在区域、学费高低、开班速度快慢、用户评价好坏等功能自主选择适合自己的驾校(参见图2-4)。

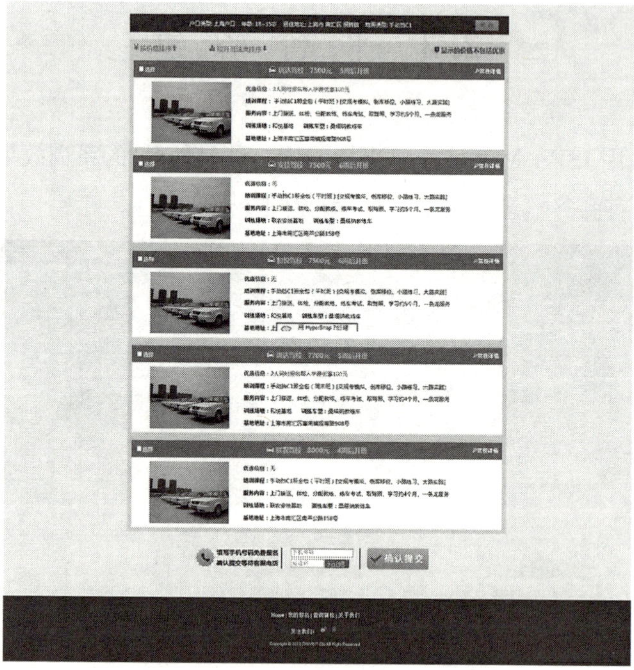

图2-4 网站智能筛选界面-2

(4) 用户报名快速便捷,无需注册,也无需提前交学费,只需提交手机号,即可得到网站提供的相关订单号(参见图 2 - 5)。

图 2 - 5　驾校报名界面

(5) 用户可根据手机号或订单号查询订单(参见图 2 - 6),成功签订学车协议的学员可对该驾校进行点评,并能追加评论,还能一键分享到 SNS 社交网络,比如: 新浪微博、人人网、开心网等,以供其他用户参考(参见图 2 - 7)。

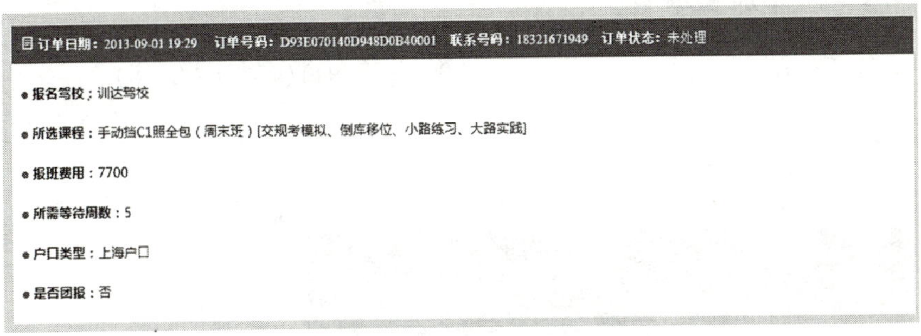

图 2 - 6　订单查询界面

(6) 接入百度地图 API(应用程序接口)提供驾校地图定位服务,让用户知晓驾校具体地理位置,并查询相关交通路线。

(7) 利用 LBS(基于地理位置的服务)根据用户当前位置查询出附近驾校及相关信息。

(8) 用户可以参考网站的驾校"推荐指数"进行择校("推荐指数"由驾校通根据驾校合作协议、用户订单评价、驾校服务质量、驾校人气值、驾校信用度等因素综合计算获取)。

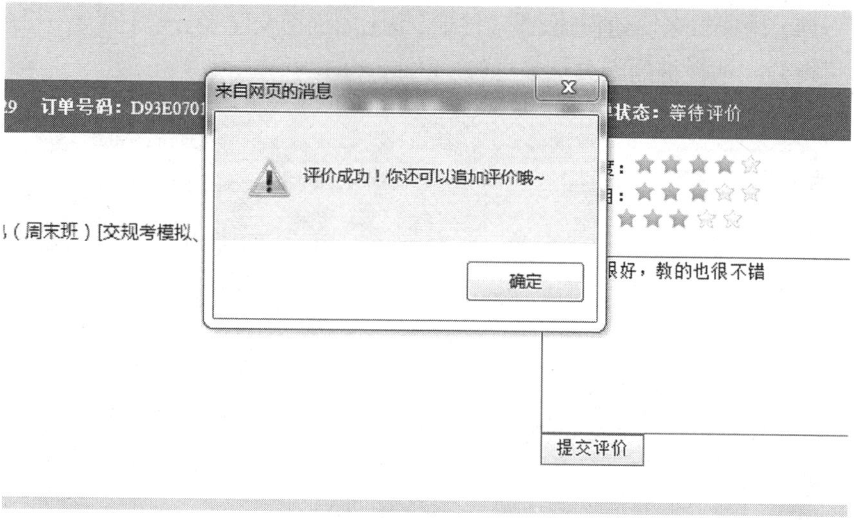

图 2－7　驾校通评价界面

2.4　营销推广

2.4.1　网站流量统计

51.La 流量统计平台日均访问量 300，排名 911(参见图 2－8)。

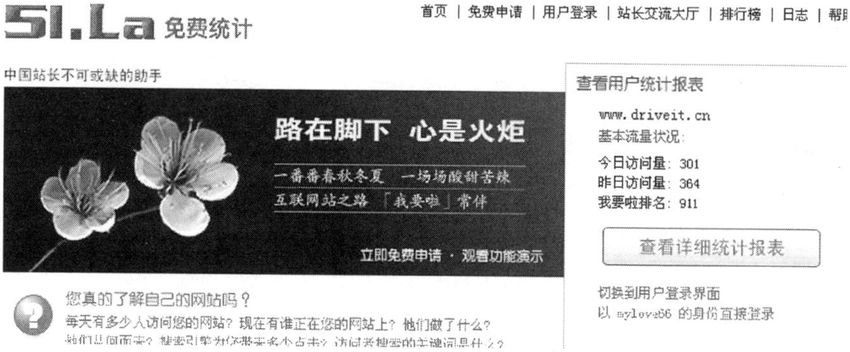

图 2－8　51.La 流量统计平台

2.4.2　微博营销

驾校通项目 driveit.cn 团队一致认为在互联网 SNS 社交平台如火如荼的

盛景下，抓住微博营销的大好机会非常有必要，于是由组长曾超创建、曹青云负责运营的驾校通网站微博上线了。官方微博名——驾校通 driveit. cn，上线之初，就有大批驾考学员关注，之后定期发布驾考、驾校、练车方面的诸多热点消息，微博互动人气日益增长，这是网站起步阶段的一个很好的开端。

2.4.3 线下推广

(1) 传单广告(参见图 2－9)。

(2) 海报宣传(参见图 2－10)。

(3) 标语宣言(参见图 2－11)。

图 2－9 驾校通派发传单

图 2－11 驾校通标语宣传

图 2－10 驾校通海报

2.5 盈 利 模 式

2.5.1 佣金收入

用户在网站成功报名，驾校按月按人头结算佣金。例如：上海地区共有合作驾校 100 家，平均每月为驾校输送学员 15 人，每人佣金 300 元，那么网站每月佣金总收入为100 * 15 * 300=450 000元。

2.5.2 驾校加盟费

网站与驾校初次合作半年内无任何加盟费,半年后各驾校依各自意愿如需继续合作需要缴纳加盟费,加盟方式有两种:

(1) 按月加盟。例如:

上海地区共有合作驾校100家,其中有40家驾校选择按月加盟方式,每家驾校月加盟费为1 000元,那么网站月加盟费总收入为40 * 1 000=40 000元。

(2) 按年加盟。对比于按月加盟方式,按年加盟方式优惠了2个月的费用。例如:

上海地区共有合作驾校100家,其中有60家驾校选择按年加盟模式,每家驾校年加盟费为10 000元,那么网站年加盟费总收入为60 * 10 000=600 000元。

2.5.3 广告收入(待网站有一定知名度后)

(1) 广告签约费。签约多家广告商。例如:

平均每月共有5家合作广告商,每家每月需支付广告费5 000元,那么网站每月广告签约费总收入为5 * 5 000=25 000元。

(2) 流量点击费。引入第三方广告平台。例如:

一个点击量计价为2元,平均每月共有5 000次用户点击数,那么网站每月流量点击费总收入为2 * 5 000=10 000元。

2.6 财务分析

2.6.1 运营收入

第1年:合作驾校50家,平均每月为驾校输送学员10人,每人佣金200元;那么,第1年佣金总收入=50家 * 10人 * 200元/人 * 12=1 200 000元。

网站与驾校初次合作半年内无任何加盟费,半年后各驾校依各自意愿如需继续合作便需要缴纳加盟费,加盟方式有按月加盟和按年加盟两种,每家驾校月加盟费为1 000元,每家驾校年加盟费为10 000元,由于按年加盟收费比按月加盟优惠，所以预计初始合作的 50 家驾校中采取按年加盟和按月加盟方式的比例为 3∶2；那么，第 1 年驾校加盟费总收入＝30 家 * 5 000 元/家＋20 家 * 6 * 1 000 元/月＝270 000 元。

广告收入分为广告签约费和流量点击费。预计平均每月共有两家合作广告商，每家每月需支付广告费 3 000 元；同时预计平均每月共有 3 000 次用户点击数，一个点击量计价为 1 元；那么第 1 年广告总收入＝(2 家 * 3 000 元/家＋3 000 次 * 1 元/次) * 12＝108 000 元。

综上可以得出，第 1 年的运营总收入为 120 万元＋27 万元＋10.8 万元＝157.8 万元。

第 2 年：根据第 1 年估算出，佣金总收入为 720 万元，驾校加盟费总收入为 83 万元，广告总收入为 36 万元，那么第 2 年的运营总收入为 720 万元＋83 万元＋36 万元＝839 万元。

第 3 年：根据第 2 年估算出，佣金总收入为 1 810 万元，驾校加盟费总收入为 200 万元，广告总收入为 110 万元，那么第 3 年的运营总收入为 1 810 万元＋200 万元＋110 万元＝2 120 万元。

第 4 年：根据第 3 年估算出，佣金总收入为 2 400 万元，驾校加盟费总收入为 320 万元，广告总收入为 300 万元，那么第 4 年的运营总收入为 2 400 万元＋320 万元＋300 万元＝3 020 万元。

第 5 年：根据第 4 年估算出，佣金总收入为 5 200 万元，驾校加盟费总收入为 690 万元，广告总收入为 520 万元，那么第 5 年的运营总收入为 5 200 万元＋690 万元＋520 万元＝6 410 万元。

第 6 年：根据第 5 年估算出，佣金总收入为 8 400 万元，驾校加盟费总收入为 800 万元，广告总收入为 670 万元，那么第 6 年的运营总收入为 8 400 万元＋800 万元＋670 万元＝9 870 万元。

2.6.2 运营支出

第 1 年：网站维护运营费用为 5 万元，交通费 5 000 元，广告制作费 2 万元，人员工资 70 万，其他费用 30 万；那么，第 1 年的运营总支出为 5 万元＋5 000 元＋2 万元＋70 万元＋30 万元＝107.5 万元。

第 2 年：移动客户端开发费用 20 万元，网站维护运营费用为 5 万元，交通费 1 万元，广告制作费 10 万元，人员工资 100 万，其他费用 50 万；那么，第 2 年的运营总支出为 20 万元＋5 万元＋1 万元＋10 万元＋100 万元＋50 万元=186万元。

第3年：网站升级费用15万元，网站运营维护费用12万元，交通费3万元，广告制作费20万元，广告代言费100万元，人员工资130万，其他费用80万；那么，第3年的运营总支出为15万元+12万元+3万元+20万元+100万元+130万元+80万元=360万元。

第4年：网站运营维护费用12万元，交通费3万元，广告制作费20万元，广告代言费100万元，人员工资130万，其他费用80万；那么，第4年的运营总支出为12万元+3万元+20万元+100万元+130万元+80万元=345万元。

第5年：销售网络升级费用100万元，网站运营维护费用80万元，交通费20万元，广告制作费80万元，广告代言费300万元，人员工资200万，其他费用150万；那么，第5年的运营总支出为100万元+80万元+20万元+80万元+300万元+200万元+150万元=930万元。

第6年：销售网络维护费用80万元，网站运营维护费用100万元，交通费30万元，广告制作费100万元，广告代言费500万元，人员工资250万，其他费用200万；那么，第6年的运营总支出为80万元+100万元+30万元+100万元+500万元+250万元+200万元=1 260万元。

2.7 发展战略

2.7.1 初期(1—3年)

1. 第1年

(1) 与上海市几个区域的驾校建立合作关系，并签订合作协议；

(2) 完善驾校通网站网页端服务；

(3) 积极在新浪微博、驾考论坛等平台推广，建立庞大粉丝群；

(4) 提高网站知名度，树立品牌形象。

2. 第2年

(1) 成立电子商务公司，确定公司体系结构并做好公司组建工作；

(2) 向移动互联网平台拓展，为IOS、Android、WP系统用户提供驾校通客户端；

(3) 全面扩大广告范围，例如：地铁投放广告，报纸杂志刊登，电视栏目宣传等。

3. 第 3 年

(1) 全面升级驾校通网站;

(2) 为进一步在全国范围内扩展,进行战略性融资,吸引“风投”人士对我公司进行大额投资;

(3) 邀请知名人士代言广告宣传网站。

2.7.2 中期(4—6 年)

1. 第 4 年

(1) 进一步完善和健全整个推广、销售、产品、用户网络;

(2) 占领上海同行业市场,成为行业主导者。

2. 第 5—6 年

总结成功模式,跨城市扩展,打造一个全国性的为用户提供全面驾考服务的平台;与时俱进,保持公司、网站稳步发展的同时探索新的经营模式。

指导老师点评

本项目来源于真实的市场需求,定位于驾考服务平台,为学员提供强有力的择校、助考服务。驾考市场发展潜力巨大,驾校通项目与竞争对手相比有其独特的优势:网站注册简单,无需预付款,驾校可选范围大,可就近择校,还有服务评分进行监督,驾校通简单、方便、快捷,一切都是为学员着想。在营销推广方面,采用线上线下双轮驱动,既有传统的传单宣传,又有新兴的微博、微信宣传,取得了很好的宣传效果,Driveit.cn 网站日均访问流量达到 300 以上。

作为学生创业项目,难能可贵的是盈利模式清晰,既有短期的模式,如佣金、加盟费、又有长期的广告费等,保证能够拥有持续的现金流。这种较为成熟的商业模式,同样引起了 VC/PE 的关注。最新的消息是,该项目已接受上海晟唐创业投资管理有限公司创业苗圃孵化,正式入驻张江电子商务创新港。

3 “宅享购”——“上理”最便捷的网上超市

参赛团队：上海理工大学　尚理梦之队
参赛队员：王达西　楼楚卉　何鑫　端木诗毅　刘奎震
指导老师：朱小栋
获奖情况：上海市大学生网络商务创新应用大赛一等奖(上海赛区本科组冠军)
关键词：15 分钟送达　电子商务 B2H

3.1 项目简介

在互联网传媒高度发达的今天，宅享购(http://www.zhaixg.com)借助互联网的力量谋求发展，创造更适合中国大学生校园和符合大学生购物理念的多种类商品的购物平台。本平台强调快捷、简单、健康的质量标准，并以此赢得广大学生的认同和青睐。

宅享购网上中心是向大学生提供优质外卖服务的创业团队，主要提供包括水果、休闲食品、生活用品代购等大学校园上门服务，并严格执行宅享购服务及管理模式(所有服务及管理模式均从大学生消费者角度制定)，使其更符合中国大学校园外卖市场的需求。

图 3－1、图 3－2 是宅享购网站截屏。

3.1.1 项目目标

团队的目标是创造更适合中国大学校园和符合中国大学生多种营养搭

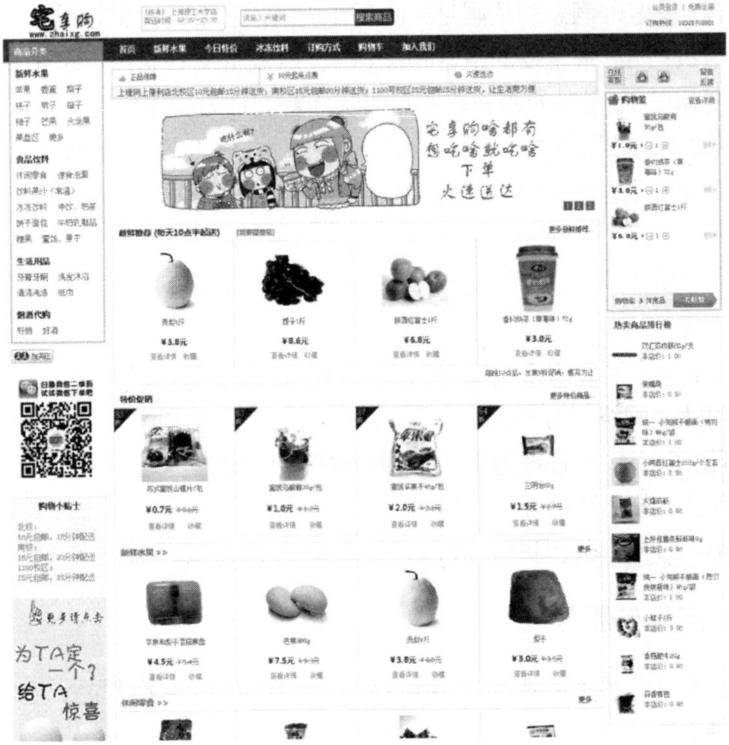

图 3-1 宅享购网站首页

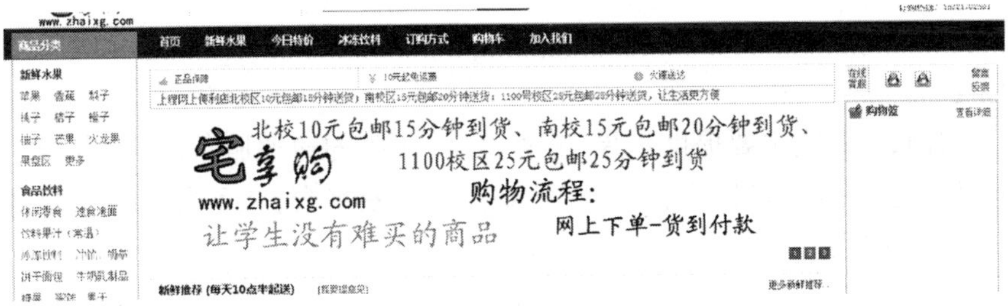

图 3-2 宅享购网站滚动广告

配的优质外卖服务。团队本着顾客就是上帝的服务宗旨,强调快捷、卫生、热情、周到的服务。团队力求为每位顾客提供最优质的服务,对水果等商品质量严格把关,保证宅享购的卫生安全和高品质服务。

3.1.2 宅享购团队经营理念

核心:校园内 10 元免运费、15 分钟内送达、货到付款。

顾客：顾客的满意和认同是团队工作成绩最重要的衡量标尺。

配送员：团队最重要的财富是配送员，其素质及专业知识水平是团队品牌的重要体现，配送员的福利待遇是团队经营业绩的具体体现。

产品：以水果、零食、饮料、生活用品为主，同时以合作商家的快餐为辅。我们坚信，通过我们的创新和监督可以为团队及合作商家赢得利益最大化。

品牌：品牌是宅享购的灵魂，只有将品牌植于消费者心中，才是企业赢取成功的关键。

市场：宅享购致力于打造中国大学城周边集水果、食品及生活用品为一体的便捷速递网络服务平台。

管理：以人性化管理为主，团队中不存在上下级之分。

团队的宗旨：快捷、优质、热情。

优势：即买即送、闪电速达。

3.1.3 产品与服务

通过宅享购网上购物平台，提供水果、休闲食品、生活用品、烟酒代购以及其他种类的大学校园寝室上门快捷服务。

通过提供宅享购社区（类似高校 BBS 的综合在线社交平台）增加顾客黏性。

从消费者的角度制定人性化的服务和管理模式，绝对保证产品的安全和质量。

目前，宅享购主要提供水果、零食、生活用品的速递服务，当宅享购的用户规模达到一定程度以后，我们将开拓二手交易平台，二手交易的主要盈利来源于广告以及向卖家收取的服务费。

3.2 行业分析

3.2.1 行业规模与前景

目前在电子商务快速发展的今天，综合类的市场已经很难再闯出一条出路。专注于细分市场才是发展的关键。目前宅享购模式主要来自 B2H。

3.2.2 B2H模式介绍

B2H(Business to Home,企业对家庭)是继B2B(Business to Business,企业对企业)、B2C(Business to Customer,企业对消费者)C2C(Customer to Customer,消费者对消费者)模式之后,又一个新的电子商务模式,它是当今城市高度发展,人口居住日益集中趋势下的产物,是企业直接针对社区家庭营销的一种模式。

广义上来说它应该是B2C的一种,但又有别于B2C。B2C是企业直接面对消费者,B2H也是企业直接面对消费者,只不过前者是广义的消费者,囊括了所有的互联网上的买家,而后者的消费者是居于某一特定社区的,以家庭为单位的消费者,同时这也决定了B2H的模式是被限制在社区内的,只有当B2H完全占领了全世界所有的社区,才能真正意义上地成为B2C。B2H中家庭消费H包含了B2C中最优质的消费者C,但H的购物单元大于消费者C,模式在满足C的个性消费需求后,重点开发H的购物需求,也就是最优质C的组合消费——家庭消费。

3.2.3 B2H典型代表

B2B典型的代表是:阿里巴巴;

B2C典型的代表是:京东、一号店;

C2C典型的代表是:eBAY、淘宝;

B2H典型的代表是:OKe家、经桥购物网(参见图3-3)。

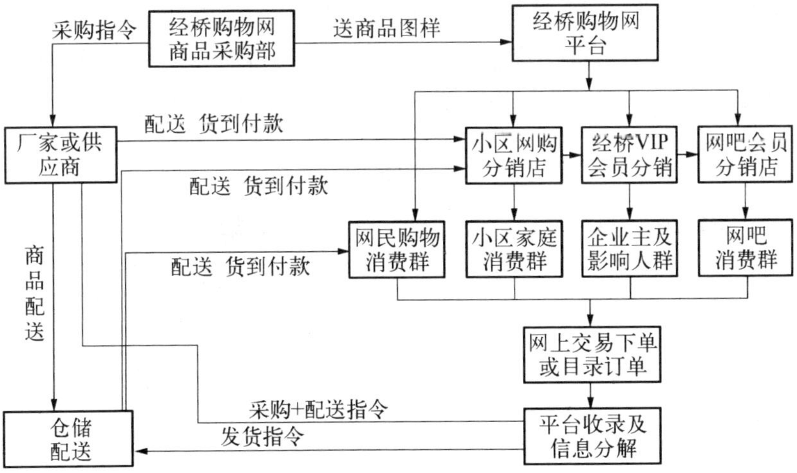

图3-3 B2H运营模式及流程图

3.2.4 B2H运营模式

本项目以“网购＋小区分销体验店”的模式，将网上商城、电话、电脑及社区DM单组合为一个信息沟通平台，以社区分销体验服务店为服务载体，以社区家庭为终端消费客户，形成最贴近社区居民的终端服务模式。

运营新模式“B2H”，通过建立线下市场开发团队和分销商管理与运营团队，成功地实现了平台拓展、壮大线下实体销售渠道，成功有效地解决网络购物诚信担保问题，使消费者无后顾之忧。

宅享购商业模式采用先进的B2H模式。B2H家庭消费H包含了B2C中最优质的消费者C，但H的购物单元大于消费者C，该模式在满足C的个性消费需求后，重点开发H的购物需求，也就是最优质C的组合消费——家庭消费。

3.2.5 宅享购的市场细分

宅享购的理念是把优质C定位成学生，进行市场细分。

目前市场上最知名的两家B2H网站OKe家、经桥购物网由于内部原因并未继续正常经营。该市场目前属于空缺市场，发展前景良好。经桥购物网在试运营的10个月内就达到了3 000多万的营业额。因此借鉴此模式用于高校市场，可以发展成大规模的网上购物平台。

3.2.6 宅享购目前经营情况

宅享购自2013年9月1日9点起正式上线运营，截至11月15日12点，总营业额172 368元，日均营业额2 268元，最高日销售额6 782元，网站日均点击量4 871次，最高日点击量6 976次。图3－4是来源网站统计。

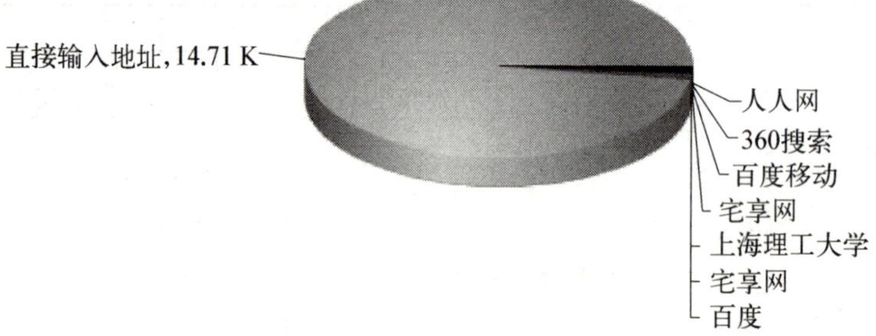

图3－4 来源网站统计

3.3 市场分析

3.3.1 目标市场

以大学校园内的大学生群体为主,同时面向大学老师及工作人员和周围社区的居民。

3.3.2 SWOT分析

表3-1是SWOT分析情况表。

表3-1 SWOT分析情况表

S(Strengths 优势)	W(Weaknesses 弱势)
(1) 快!是我们的独特性! (2) 校园超市少,营业时间短暂,大学生“宅”的生活特性。 (3) 学校周边目前没有类似成熟的平台在做。 (4) 对市场需求变动有敏锐和快速的感知。 (5) 所需启动资金较少,有稳定的供货渠道。 (6) 在校内的广告宣传方面有成本优势。	(1) 由于是学生团队,关键网络技术不成熟。 (2) 产品的管理和经营方面的经验不足,容易导致混乱。 (3) 属于新开发网站,在学生中的知名度和影响力有所欠缺。
O(Opportunities 机会)	T(Threats 威胁)
(1) 在校生希望便捷快速的购物方式。 (2) 学校周边未能提供水果等快消品以及常规商品的系统性平台。 (3) 团队拥有学校的第一手信息反馈资源,信息来源准确快速。	(1) 服务模式容易被复制,虽然我们先起步,但如果竞争对手的各种实力比我们都雄厚,他们可能很快超越我们。 (2) 校园内部及周围店面增加会导致市场份额下降。 (3) 客户对新网站的接受度不是很高。

3.4 营销计划

3.4.1 整体营销策略

1. 线下宣传

线下通过印发宣传单页、海报,及悬挂横幅等作为宣传工具。

(1) 宣传单页的发放以“扫楼”为主,即将单页发送至校园内每一间学生寝室。

(2) 在“三教”、灯光球场等处张贴海报。

(3) 在一食堂,五食堂等人流密集处,悬挂横幅。

(4) 上海理工大学大一新生在 9 月 14 日报到,9 月 14 日,在一食堂门口进行路演及宣传单页的派发,利用消费者“先入为主”的心理在大一新生中建立一批忠实的消费者(参见图 3-5)。

图 3-5　电子版海报、宣传单、寝室楼横幅

2. 线上宣传

线上通过建立人人公共主页、微信、微博、上海理工大学 BBS、聊天群、论坛等进行宣传。

在宅享购的网站左侧有人人和微信的二维码,顾客可通过扫描二维码在人人和微信上关注宅享购(参见图 3-6)。

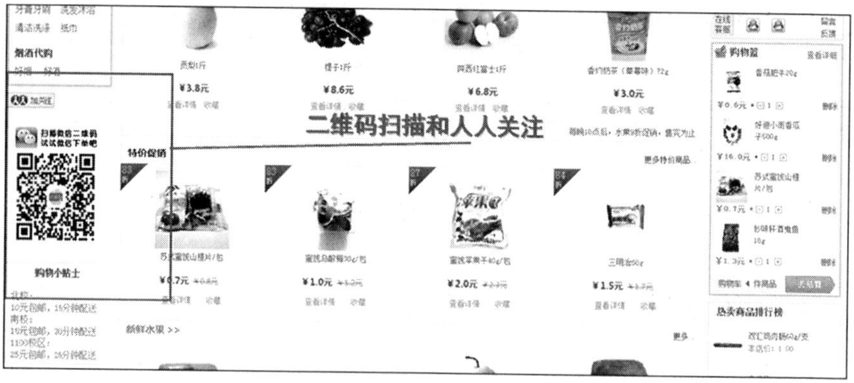

图 3-6　宅享购网站左端二维码和人人关注

(1) 人人网营销方案

由于目标顾客主体为在校学生，而“人人网”在大学生群体中有极高的覆盖率，因此选择人人网为重要宣传渠道。通过创业团队成员个人账号发布宅享购广告并邀请好友转发，以及建立“宅享购”的人人公共主页，高频率发布宅享购优惠活动广告。图 3－7 是“宅享购”的人人公共主页部分截屏。

图 3－7　宅享购的人人公共主页截屏

(2) 微信营销推广方案

宅享购的微信号是 zhaixgcom，图 3－8 是宅享购微信账号的截图。

图 3－8　宅享购微信账号截图

1) 内容概要

微信是腾讯公司推出的，提供类似于 Kik 的免费即时通讯服务免费聊天软件。用户可以通过手机、平板、网页快速发送语音、视频、图片和文字。微信提供公众平台、朋友圈、消息推送等功能，用户可以通过摇一摇、搜索号码、附近的人、扫二维码的方式添加好友和关注公众平台，同时微信用户可以将内容分享给好友以及将看到的精彩内容分享到微信朋友圈。工业和信息化部总工程师、新闻发言人朱宏任在新闻发布会上表示，2013 年上半年我国微信用户超过 4 亿户，是拥有亚洲地区最大用户群体的移动即时通讯软件。2013 年 10 月 24 日，相关消息称腾讯微信的用户数量已经超过了 6 亿。

该方式主要有以下两个特色：

① 相较于微博，通过建立宅享购微信公共账号，可以更具实效性地完成信息的及时推送。

② 顾客也可以通过微信告知所需商品，完成订单。

2) 目标

该方式主要为了达到以下两个目标：

① 通过内置处理程序，完成对用户提问的简单回答，成为省时高效的自动客服。

② 实现最新宅享购优惠活动及时推送。

(3) 微博营销方案

微博作为一个基于用户关系信息分享、传播以及获取的平台，截至 2013 年 3 月底，新浪微博注册用户达到 5.36 亿，2013 年 1 月腾讯微博注册用户达到 5.4 亿，微博成为中国网民上网的主要活动之一。

作为一个受众非常广大的社交网络，我们可以利用更新自己的微型博客向网友传播宅享购网站信息、产品信息，树立良好的网站形象和产品形象。每天更新内容就可以跟大家交流互动，或者发布大家感兴趣的话题，以吸引更多的关注者，进而引起更多的用户关注我们的网站，以此达到扩大宣传范围，加大宣传效应的目的。

目前我们宅享购的两个微博主页都获得了非常众多的粉丝关注，我们也不断地更新我们的微博，保持活跃度以获得持续关注。

图 3 - 9 和图 3 - 10 是我们两个微博号的截屏。

(4) 其他营销方案

1) 在宣传单页上印上二维码，用户通过扫描二维码实现添加宅享购微信

图 3－9　宅享购官方微博

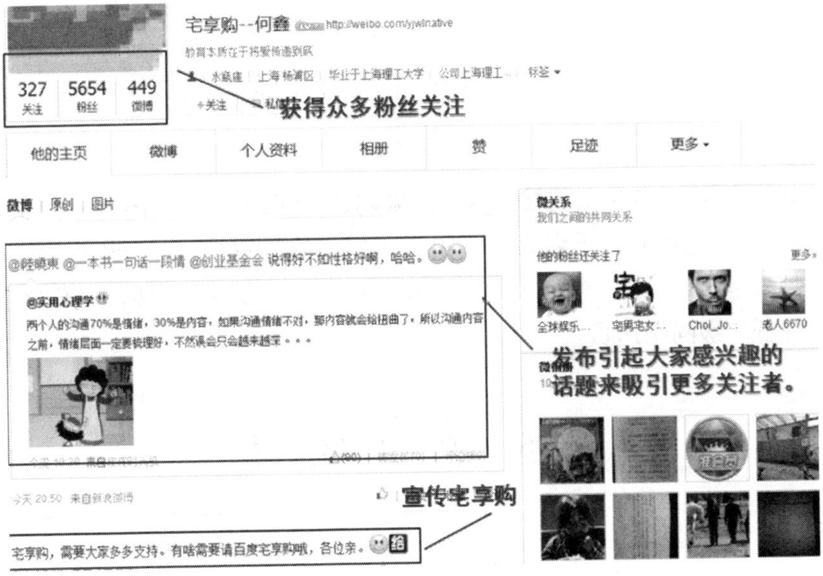

图 3－10　宅享购成员微博之一

公共账号的功能。

2）定期举办扫二维码送优惠送奖品活动。

3）通过推送诸如就业、考研、留学、笑话等学生感兴趣的话题，增加客户黏性。

3.4.2 品牌策略

"宅享购"这个网名比较符合网站定位，易读，好听。"宅"一词可以精确定位用户——待在寝室的同学们，符合目标市场的消费者特性。"享"体现服务质量——尊享优秀快速的购物体验，"购"表示网站功能。

3.4.3 价格策略

本网站主要走大众消费路线，服务方面力求快捷简单，努力给客户最大限度的享受和心理满足。针对消费者的比较心理，我们每天将会选出几类低价商品，形成价格系列。同时每天选出几款团购商品供客户选择，采取满额消费就送小礼品的方式。

区别于其他外卖店的是宅享购还提供水果，考虑到水果不易储存，我们采用满额送水果的促销活动，既开展了优惠活动吸引了顾客，也很大程度上解决了水果积压的问题。

3.5 管理团队

创始人5人，分别负责技术、财务、采购、市场四个模块。还有一名成员负责宣传，另有送货的若干名人员。由于我们高效的宣传，宅享购在上海理工大学越来越知名，日交易量呈显著上升趋势。当交易量较多时，我们将会雇佣部分低年级同学送货。

3.6 项目经营

3.6.1 仓库选址

宅享购团队成员曾在宿舍开超市，但由于空间较小和其他方面的影响，团队目前在学校附近租了25平米的出租房，月租金1 700元，同时这也是创业团队的校外宿舍。创业团队校内宿舍仍然承担部分仓库功能，每天会从校外仓库搬运一定数量的货物(以热销产品为主)到校内(参见图3-11)。

图3-11 仓库一角

3.6.2 设施与装备

已购买一台二手冰箱，价格为300元，用于储存部分品种的水果及为顾客提供冰饮料。此外还有自行车若干辆。

3.7 技术与风险

(1) 存货商品积压风险；
(2) 团队成员配置不合理风险；
(3) 外送效率不高的风险；
(4) 政策方面的风险。

3.8 财务规划

先期的资金主要由创始人合伙出资。主要用于网站的先期建设、基本物资的购买以及场地的租用。5 000元用于商品的现金流量，5 000元用于仓库的租用和其他物品的购买(宣传、物流等)，3 000元用作储备资金。

计划未来两个月达到日均营业额4 000元。未来六个月内达到150 000元的月营业额,一年之内达到200 000元的月营业额。(备注:9月1日至11月15日营业额累积172 368元)

根据目前的经营状况,以下是截至目前的资产负债表(参见表3-2)。

表3-2 资产负债表

编制单位:宅享购　　2013年11月15日　　单位:元

资　产	金　额	负债及股东权益	金　额
流动资产:货币资金	4 200.00	流动负债:短期借款	3 000.00
短期投资	—	应付票据	—
应收票据	—	应付账款	—
应收账款	—	预收账款	—
减:坏账准备	—	其他应付款	—
应收账款净额	—	应付工资	—
预付账款	2 300.00	应付福利费	—
应收补贴款	—	应付税金	—
其他应收款	—	应付股利	—
存货	6 000.00	其他应付款	—
长期待摊费用	—	预提费用	—
待处理流动资产净损失	—	一年内到期的长期负债	
一年内到期的长期债券投资			
	—	其他流动负债	—
其他流动资产	—	流动负债合计	3 000.00
流动资产合计	12 500.00	长期借款	—
长期投资	—	应付债券	—
固定资产:固定资产原价	500.00	长期应付款	—
减:累计折旧	—	其他长期负债	—
固定资产净值	—	其中:住房	
固定资产清理	—	周转金	

续 表

资　　产	金　额	负债及股东权益	金　额
在建工程	—	长期负债合计	—
待处理固定资产净损失	—	递延税项：递延税款贷项	—
	—	负债合计	3 000.00
固定资产合计	500.00	所有者权益：实收资本	10 000.00
无形及递延资产：无形资产	—	资本公积	—
递延资产	—	盈余公积	—
无形及递延资产合计	—	其中：公益金	
其他资产：其他长期资产	—	未分配利润	—
递延税项：递延税款借项	—	股东权益合计	—
		负债及所有者权益总计：	
资产总计：	13 000.00		13 000.00

融资情况：其中 4 位创始人每人出资 2 500 元；借款：3 000 元；总共：13 000 元。

3.9　未来支付方式改进

目前本平台采用货到付款，现金支付的支付方式，当营业规模到达一定水平时，将采用邮储银行绿卡通芯片卡实行闪付功能，避免找零、验钞等麻烦(参见图 3 - 12)。

图 3 - 12　邮储闪付

芯片银行卡，又称金融 IC 卡，是指以芯片作为信息存储介质的银行卡。

2010 年，中国人民银行发布《中国人民银行关于推进金融 IC 卡应用工作的意见》，明确指出：2015 年 1 月 1 日起，在经济发达地区和重点合作行业领域，商业银行发行的，以人民币为结算账户的银行卡应为金融 IC 卡。

作为芯片卡家族的一员,邮储绿卡通芯片卡除了继续保持原有磁条银行卡的所有功能外,还具有三方面的突出优势:

(1) 更安全。金融IC卡是以芯片为介质,工作原理与磁条卡有着根本性的不同,使用金融IC卡芯片交易的安全性大为提高。2003年国外金融机构发行金融IC卡至今,已基本抑制了银行卡的伪卡问题。

(2) 更实用。金融IC卡芯片可以加载诸多的行业应用,如交通、医疗、教育、停车、公共事业、智能管理等,实现一卡多用。

(3) 更便利。金融IC卡独有的“电子现金”功能可以实现小额消费的快捷支付,可以在快餐连锁店、各类超市、旅游景点、电影院等进行“拍卡”消费。

目前,宅享购正与邮储银行上海分行初步探讨在上海理工大学试点推广手机银行二维码支付功能。

3.9.1 邮储银行合作切入点

宅享购拥有公司实体,在成为一家正规的校园电商平台之后,邮储银行将成为宅享购的第一个合作银行,为宅享购开立公司账户,并合作搭建在线支付通道,帮助宅享购打开线上支付市场。

3.9.2 支付业务合作模式简析

1. 在线支付

(1) 支付流程(参见图3-13)。

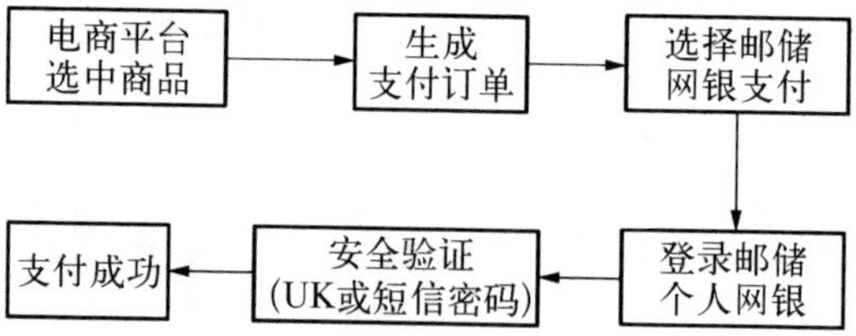

图3-13 在线支付流程

(2) 支付特点。最安全、最常用的支付方式,最为大众所接受。

(3) 适用群体。网上银行签约客户。

(4) 支持卡种。邮储银行借记卡、信用卡。

(5) 支付限额(参见表3-3)。

表 3-3 支付限额表

客户类型	单日支付限额	备　　注
手机短信	1万	若信用卡个人网银用户的授信额度低于该客户网银支付限额，则以该客户信用卡授信额度作为日累计最高支付限额。
电子令牌	20万	
UK	200万	

(6) 结算费率。行业标准费率为“借记卡支付金额的0.3%，信用卡支付金额的0.5%”。邮储银行将给予适当优惠。

2. 微支付

(1) 支付流程(参见图3-14)。

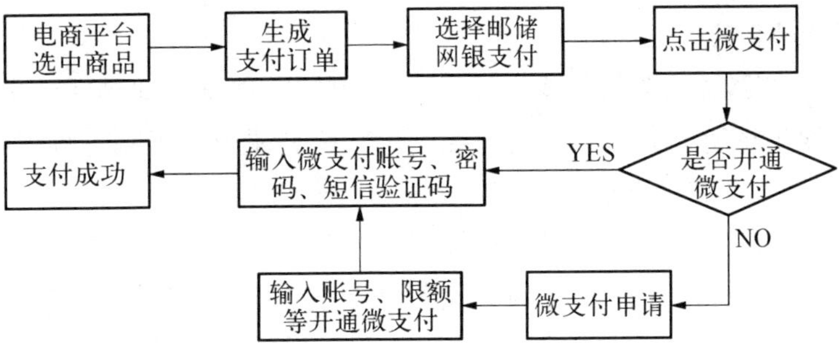

图 3-14 微支付流程图

(2) 支付特点。客户开通微支付后，对于单笔低于500元的小额交易，在支付时只需输入微支付账号、密码和短信验证码后交易即可成功。与在线支付相比，免去了登录网银、选择账户、输入短信验证码支付等一系列流程，更加方便快捷。

(3) 适用群体。网上银行签约客户。

(4) 支持卡种。邮储银行借记卡、信用卡。

(5) 支付限额。日累计最高支付限额500元。

(6) 结算费率。行业标准费率为“借记卡支付金额的0.3%，信用卡支付金额的0.5%”。邮储银行将给予适当优惠。

3. 二维码支付(开发过程中)

(1) 支付流程。客户在宅享购平台上选择商品并下单；宅享购员工送货上门后，客户确认商品无误；客户登录手机银行客户端，打开“二维码”功能扫描商品上的二维码；回显商品订单信息后，登录手机银行完成支付。

(2) 支付特点。扫一扫完成支付,安全、时尚、快捷。

(3) 适用群体。手机银行签约客户。

(4) 支持卡种。邮储银行借记卡、信用卡。

(5) 交易限额。日累计最高支付限额1万元。

(6) 结算费率。待定。

3.9.3 关于宅享购二维码支付的校园推广方案

1. 活动背景

(1) 货到付款,收款找零浪费时间,影响配送的效率。

(2) 电子支付的优点:无卡支付,快捷优雅。

(3) 手机银行二维码支付的兴起,受到越来越多的年轻消费者的青睐。

2. 活动目的

(1) 宅享购在线支付方式上线后,通过开展一些优惠促销活动来实现宣传推广,逐步将现金支付转变为在线支付。一是便于宅享购进行财务管理,二是迎合客户的支付需求。

(2) 邮储银行和宅享购共同在校园内培育一批忠实的支付客户。

(3) 邮储银行手机银行二维码支付功能上线后,通过开展对应的优惠促销活动吸引客户关注并使用该项功能,并从中获取客户体验反馈。

3. 合作伙伴

中国邮政储蓄银行上海分行。

4. 活动主题

无卡支付,快捷优雅!扫一扫,就购了!还在使用现金?你out了!

5. 活动时间

第一阶段:宅享购网上支付(网银支付和微支付)上线后3个月。

第二阶段:宅享购手机二维码支付上线后3个月。

6. 活动目标

第一阶段:

(1) 预计促成500名师生开立邮储银行绿卡并同时签约电子银行(网上银行+手机银行);

(2) 预计宅享购订单金额中60%转化为邮储银行网上支付。

第二阶段:

(1) 预计促成1 000名师生开立邮储银行绿卡并同时签约电子银行(网上

银行＋手机银行)；

(2) 预计宅享购订单金额中 80％转化为邮储银行电子支付(包括网上支付和二维码支付),其中 30％为手机银行二维码支付。

7. 活动内容

在校教师或学生前往周边邮政储蓄网点开立绿卡并签约电子银行(网上银行＋手机银行),出示本人身份证和工作证(教师证/学生证)后即可免费申领电子令牌或 UK 一份,还能获赠 10 元手机话费(7 个工作日内完成充值)。

(1) 凭证免费送,注册有好礼。

(2) 使用二维码,支付立减惠,宅享购客户使用手机银行二维码支付,单笔 30 元以上立减 10 元。

(3) 宅享购客户使用网上支付(网银支付或微支付)单笔 30 元以上立减 5 元。

8. 宣传方式

(1) 邀请邮储银行上海分行的工作人员到上海理工大学开展与移动金融、移动支付有关的讲座,为同学们介绍较为新颖的二维码支付。通过进行校园宣讲,一方面提高邮储银行在广大同学心目中的形象,吸引优秀毕业生入职邮储银行。另一方面,通过现场面对面的交流与互动,在上海理工大学学生群体中培养一大批邮储银行的忠实用户,特别是网银、手机银行以及二维码支付的用户。通过参加宣讲会即有精美小礼品赠送,宣讲会现场抽取幸运观众颁发神秘大奖等方式吸引同学参加宣讲会。

(2) 发传单、贴海报,注册并在线支付可享受双重大礼。

(3) 举办路演活动,现场赠送宅享购优惠券,和师生互动,让师生亲身感受支付的便捷性。

(4) 通过宅享购官方社交平台,如微博、人人、QQ 等向师生进行消息推送。

(5) 赞助学校社团和大型活动,并和社团和活动组织方建立长期战略合作关系。

9. 活动预算

总费用 22 500 元,其中：

(1) 广告宣传费用：500 元；

(2) 奖品/赞助费用：20 000 元；

(3) 其他费用：2 000 元。

营销费用分摊原则(参见表3-4)。

表3-4 分摊原则表

营销费用	邮储银行	宅享购
凭证免费送,注册有好礼	全额承担	—
使用二维码,支付立减惠	70%	30%
广告及宣传费用	全额承担	—

3.10 宅享购愿景

在互联网传媒快速发展的今天,宅享购得以借互联网的力量谋求发展。宅享购是一个开放的外卖平台,团队旨在建立起共赢的开放性应用合作平台,对任何合作企业及餐家都以零成本门槛,以所签署协议为认同标准,并在互相遵守执行的条件下成为合作伙伴,达到共赢。

宅享购外卖团队以标准的超市类外送企业衡量自身发展,对合作的商家予兄弟商家相同对待,相信通过团队与商家的合作,双方都能获得更广大的发展前景和利益的最大化。

指导老师点评

尚理梦之队充分利用身边的资源,挖掘身边的市场,发掘校园中的商机,并将当下流行的电子商务技术运用其中。2013年9月1日上线以来,短短两个多月的运营,宅享购获得了可观的收益。尚理梦之队也凭借该项目在上海市网络商务创新大赛中一举夺魁,比赛结束的第一时间,该团队就接受了上海新闻晚报的专题采访,该项目也获得了多家媒体的宣传报道。

本项目整体设计合理,对行业的分析比较深入,营销计划扎实,并已经在实践中应用。需要进一步考虑的是,怎样将思路的范围从学校扩展到整个社会,以实现真正意义上的电子商务创业。

4 维支付——移动终端下的二维码小额支付

参赛团队：上海医疗器械高等专科学校　The Young 团队
参赛队员：李美霞　牟俊洁　王科技　赵晨晖
指导老师：金　兴　朱晟曌
获奖情况：全国大学生网络商务创新应用大赛总决赛专科组网络金融主题赛一等奖
上海市大学生网络商务创新应用大赛二等奖
关键词：二维码　电子支付　手机支付

4.1 项目介绍

随着电子商务的快速发展，电子支付被应用在不同的领域和行业中，使用电子支付的群体也在逐年扩大。据赛迪发布的半年度研究报告显示，2013 年上半年我国第三方支付企业交易规模(线上、线下交易规模总和)达到 6.91 万亿元，完成 2012 年全年交易量(104 221 亿元)的 66%。移动支付虽然目前规模尚小，但是正逐步放量。继运营商、银联、银行之后，第三方支付企业也借助远程技术及支付终端切入移动支付。金融机构、移动运营商处于产业链的重要位置，而第三方支付企业多为借助手机刷卡终端切入的行业商户。

针对以上市场契机，本团队推出了维支付——基于二维码的移动电子支付平台。该平台将通过提升用户的个人账户安全性规避风险，使用户享受支付带来的乐趣。

4.1.1 项目背景

艾瑞数据显示,2012 年,中国电子支付市场的交易规模超过 2 万亿元(参见图 4-1)。巨大的市场蛋糕,吸引越来越多的企业参与其中。据多家媒体报道,央行第二代支付系统超级网银或将于今年 8 月份上线运行,它将与财付通、移动支付、银联一起对支付宝形成夹击之势。在这种趋势下,"二维码小额支付"在为个人、商家等提供便利、降低成本、提高效率的同时,确保了消费者在支付交易过程中的安全性,搭建了一个合法、安全、可信赖的电子支付平台。

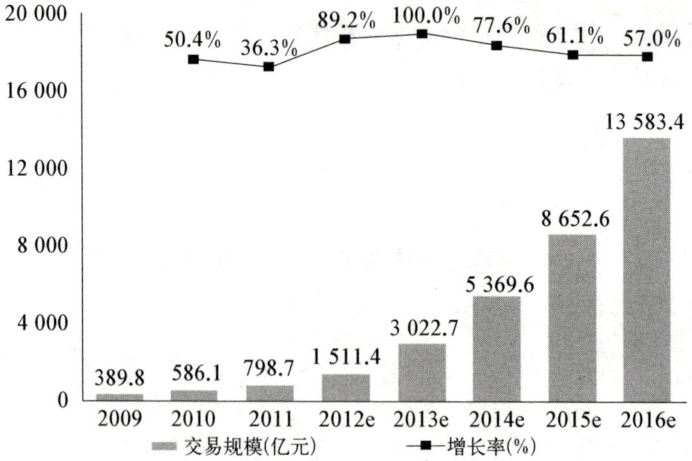

图 4-1 2009—2016 年中国第三方移动支付市场交易规模
(数据来源:艾瑞咨询)

4.1.2 操作流程

维支付操作流程如图 4-2 所示。

(1) 用户向维支付账户充入资金,同时其账户上会显示相应金额。

(2) 用户选择购买某种商品,确定金额后,选择生成与商品等值金额的二维码。

(3) 商家扫描用户提供的二维码,向平台验证二维码金额及真伪,验证通过后,资金打入商家的账户,交易完成;验证不通过,二维码无效,交易取消。

4.1.3 项目创新点

1. 安全性

据本平台在问卷星网站投放的问卷可知,30.8%的人对当下移动支付的安

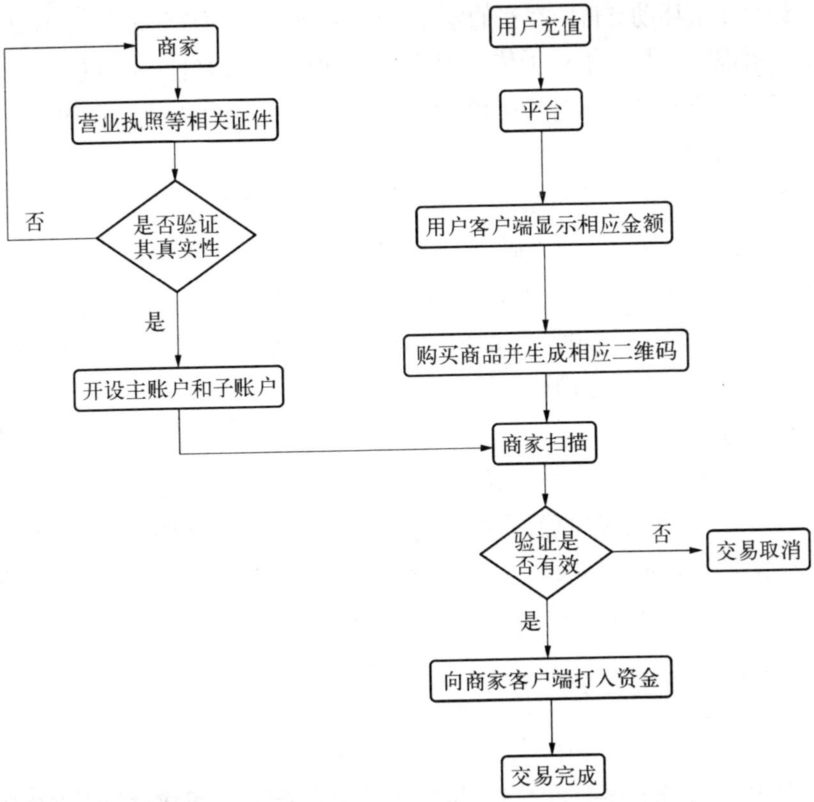

图 4－2 维支付操作流程

全性表示担忧，54.14%的人认为新的移动支付方式安全性应该加强，这充分说明线下移动支付的安全性需要进一步加强。CNNIC 统计报告同样指出，大部分消费者对消费的安全性以及厂家信用等，是最不放心的(参见图 4－3)。

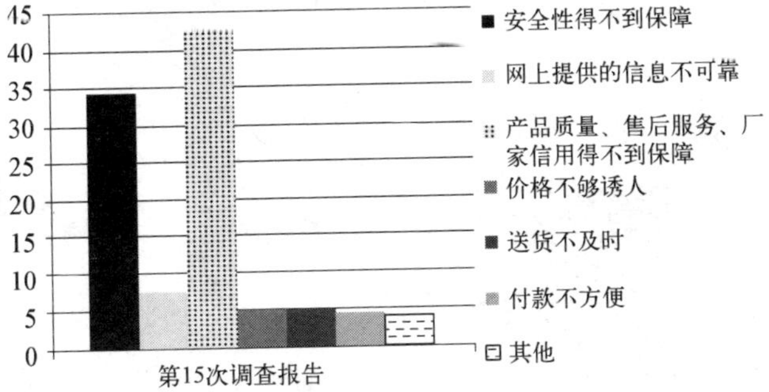

图 4－3 CNNIC 第十五次调查报告

(数据来源：CNNIC)

针对线下移动支付所存在的安全性问题，平台创新性地利用二维码作为电子货币进行交易。相对于传统现金，电子现金的匿名性、不可伪造性以及加密等相关技术，使得交易更为安全，可传递性和可分性更强，更便于流通。

2. 便捷性

本平台在整个支付的过程中，顾客可以通过维支付手机客户端，根据购买商品的金额选择生成二维码，消费时只需持生成的二维码，经商家扫描，验证通过，即可完成交易。此外，用户也可以通过登录维支付网站生成相应不同金额的二维码，再利用手机摄像头拍摄照片的方式，保存于手机相册中，在购物支付时根据不同金额进行扫描支付。

3. 成本低

对于消费者，维支付不收取任何费用，利用二维码作为电子货币进行交易，消费者只需下载客户端，或者在电脑上生成，发到手机上。对于商家，本平台在收取少量的手续费时，为商家提供专业的维支付商家版进行支付扫描，商家无需购买专业支付设备，相对成本较低。

4.1.4 用户界面设计

用户界面如图 4-4 所示。

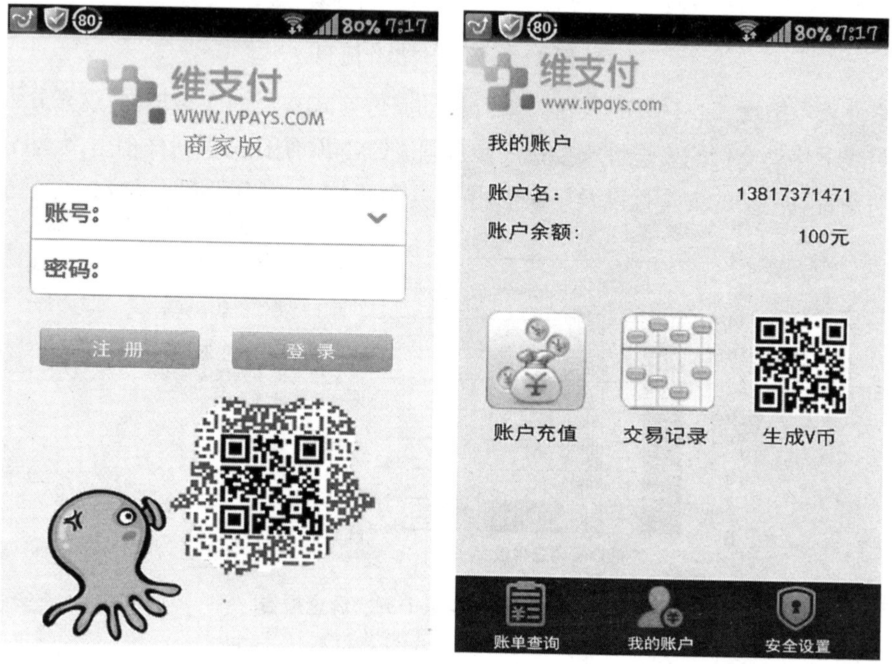

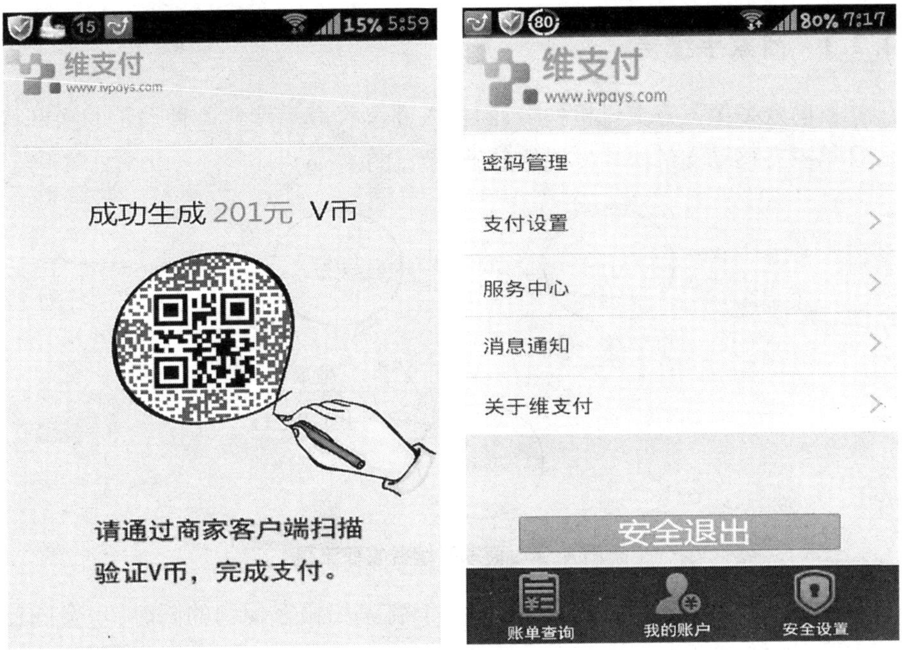

图 4-4 用户界面

4.2 盈利模式分析

盈利模式主要侧重于商家手续费、滞留资金盈利和商家广告费(参见图4-5)。

图 4-5 盈利模式

4.2.1 商家手续费

目前众多第三方支付机构中，向接入商家收取手续费这种固定的盈利模式是第三方移动支付快速发展的基础(参见图4-6)。

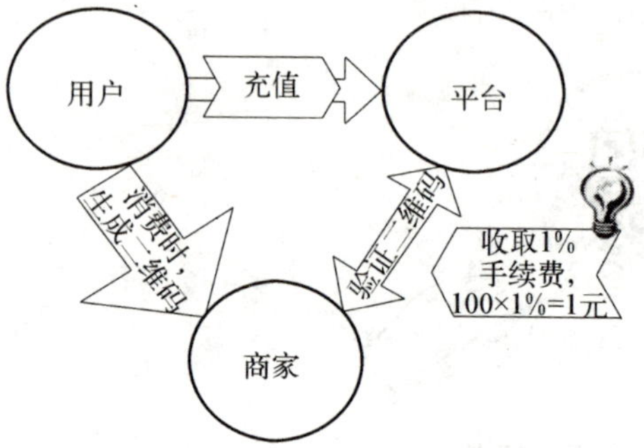

图4-6 商家手续费收取流程

维支付作为第三方支付平台，在给予商家和顾客便利的同时，也会向使用本平台的商家收取一定的交易手续费，其标准是根据每个商家使用本平台产生的营业额，收取1%的手续费。

4.2.2 滞留资金周转盈利

使用维支付，消费者需在本平台充值，在充值之后到商家进行提现之前，这些资金都将滞留在本平台上，届时可以利用平台积累资金，不但可以通过银行产生的利息进行周转盈利，为平台提供充足的资金流，也可以通过购买保险、基金、股票、信托、理财产品等形式来进行周转盈利(参见图4-7)。

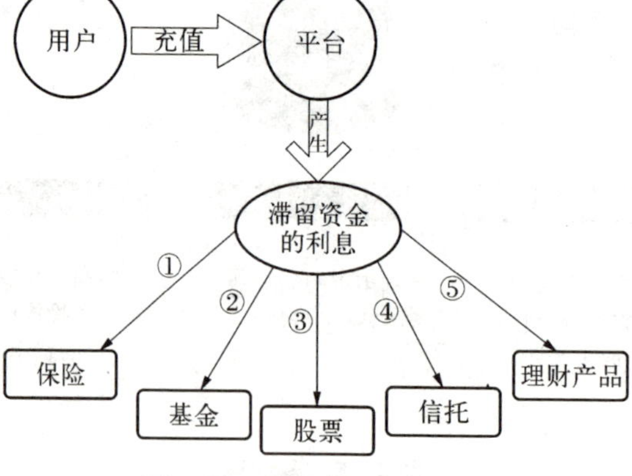

图4-7 滞留资金周转盈利

4.2.3　收取商家广告费

平台首页设置流动广告模块，商家通过流动广告增加店铺的知名度，享受到自己店铺的一些商品或是一些优惠活动在平台的优先发布权。本平台也将通过向商家收取一定的广告费用增添新的利润增长点。

4.3　营销战略

4.3.1　服务人群和目标客户

1. *服务人群——消费者*

为更好地实施项目，平台对服务人群进行了调查分析，目前城镇居民的互联网普及率为 44.6％ ，农村为 15％。

通过在问卷星网的 520 份有效问卷可知，本项目的消费人群主要集中在 18—25 岁，这部分人群主要是初高中生、大学生和职场白领。由此可见，在制定套餐服务时，可根据不同年龄段的人群，按照支付能力，定制不同的套餐类型供其选择。套餐类型，应较偏重于 20—35 岁的大学生及白领人群(参见图 4－8)。

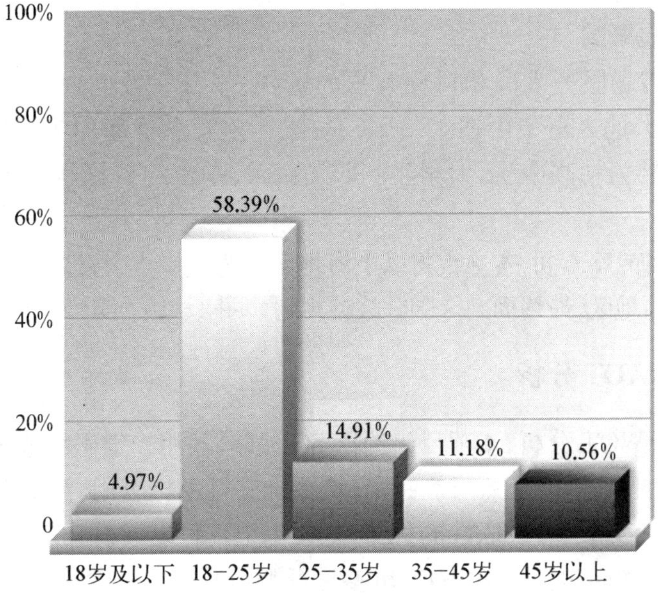

图 4－8　目标客户调查统计图

2. 目标客户——商家

大部分商家表示对现有电子支付不能满足其经营需求，愿意尝试一种新的支付方式来提高营业额的态度，为平台提供了一个良好的发展契机。

根据对商家线上调研可知：46.34%的商家为中小商家，愿意尝试新的支付方式；36.59%的商家为大型商家，他们对新的支付方式持观察态度。随着平台业务的发展成熟，宣传推广，大型商家可以逐步成为目标客户(参见图4-9)。

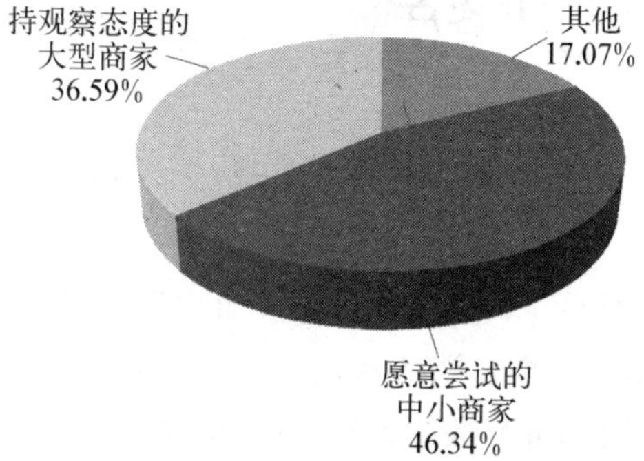

图4-9　不同商家对本项目认可情况

3. 市场计划

针对市场服务人群和目标客户的选择，平台有效问卷的调查结果显示，58.39%的人群集中在18—25岁，比较乐意尝试新的支付方式，这部分人群主要为初高中生、大学生和职场白领，平台的目标客户为中小型的商家。

在市场战略方面，本平台将以上海地区作为起步点，打造成功样板，逐渐辐射到江浙地区，最终面向全国。战略规划如图4-10所示。

4.3.2　SWOT分析

根据SWOT分析，本项目组选择SO战略，利用二维码和电子货币固有的优势，便捷快速、安全可靠等特色，增加维支付手机应用、消费者(使用方)和商家(推广方)三者关联性的优势，把握电子支付发展前景广阔的机会，通过大力宣传提高知名度，抢占市场(参见表4-1)。

表 4-1　网站 SWOT 分析

内部因素 外部因素		S	W
		(1) 安全性高，使用方便快捷，用户操作简单，成本低，便捷，灵活。 (2) 未来与银行建立合作关系，依托银行庞大的业务支撑，安全、可信、可靠。	(1) 第三方支付平台较多，竞争激烈，市场占有率高，开辟新的市场，进入较难。 (2) 平台初期还未具有一定的号召力和认知度，知名度不强，需要大量时间积累信誉。 (3) 运营初期客户群较少，业务不易开展。
O	(1) 弥补了线下小额支付的不足。 (2) 在消费需求不断扩大，网络新媒体日益成熟的今天，有诸多领域，需要小额的电子支付。 (3) 手机、二维码、网络技术的快速发展和普及，为维支付提供了技术支撑和发展环境。 (4) 人们消费观念逐渐开放，愿意尝试新的支付方式。 (5) 相对于其他产品，该创业项目投资少、融资易、难度低、渠道广、空间大。	SO 配合二维码和电子货币的优势，积极宣传大力推广，抢占市场。	WO 充分利用互联网络以及移动媒体进行宣传，运用正确的营销策略，降低投入成本。
T	(1) 模式容易被复制，存在风险性。 (2) 第三方支付平台竞争激烈。 (3) 观念和习惯问题。 (4)平台还没有积累自己的信用度。	ST (1) 不断深化电子货币的优点，完善服务，推陈出新，以确保项目及应用的优势。 (2) 提高服务质量，保证各方利益不受损失。	WT (1) 加强银行、学校、商场等场所宣传，吸引对新鲜事物保持高敏感的人群，使他们第一时间了解我们。 (2) 推广支付面，与各大知名商家品牌合作，增强实用性。

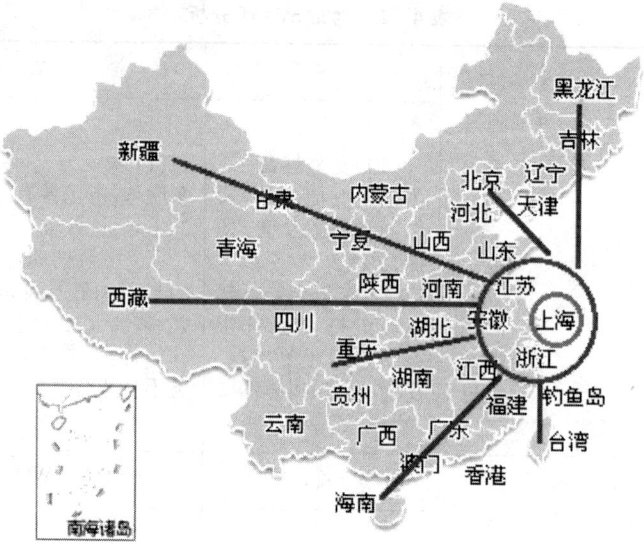

图4－10　战略规划

4.3.3　网站推广营销战略

对于网站而言，商业模式成功运作的基础是拥有一定规模的客户群。具体计划如表4－2。

表4－2　网站推广策略分析

推广方式	具　体　策　略
网络推广	A. 提交网站　主动向各大搜索引擎如百度、谷歌等提交自己的网站平台。 B. 关键词竞价　优化搜索关键字，通过网站的标题、网站的描述元素等，利用长尾搜索关键字的方式，加强自己在网络搜索排名的地位。 C. 网站链接　通过和其他各类知名网站进行链接，扩大本网站在网民朋友中的知名度。 D. 微信营销　建立微信公众平台，实时发布打折促销信息，吸引消费者。 E. 微博营销　创建一个与电子支付相关的微博进行相互关注。 F. 邮件营销　利用电子邮件与受众客户进行商业交流。
传统推广	A. DM推广　通过邮寄、赠送等形式，将宣传品送到消费者手中、家里或公司所在地。 B. 纸媒宣传　通过在杂志、报纸等夹页的形式，推广自己的平台形象。 C. 广播电视　利用广播电视的形式进行宣传。 D. 商家联盟　与商家建立合作联盟关系，加强互惠互利。

4.4 财务分析

4.4.1 利润分析

平台利润分析如表4-3所示。

表4-3 平台利润分析

第一年商家店数	381个
第一年总交易数量	3 810万笔
第一年总销售收入(收取每笔交易1%的手续费)	381 000元
第一年流动资金盈利收入	48 750元
第一年的广告收入	240 000元
减:① 销售商品/服务成本	1 200元
减:② 营业税金	50 231元
固定成本	307 451元
可变成本	19 050元
减:③ 运营成本小计:	326 501元
④ 利润	291 818元
减:⑤ 税金(所得税等20%)	58 364元
⑥ 净利润	233 454元

4.4.2 发展预测

项目的前三年发展计划如下:

2013年:平台推广第一年。重点是在市场推广和商家的合作沟通上,使消费者在最短时间内了解平台的新型支付方式,接受并信赖平台的服务模式,下载并使用平台客户端。同时让尽可能多的商家了解本平台,建立合作关系。

2014年:平台发展关键年。平台开始拥有固定的服务人群,随着目标客户、交易量逐渐增加,该年度重点在于使营运渠道的平滑化,通过各类推广途径争取让更多的消费者和商家认知平台。

2015年：平台创新发展年。平台营业收入逐步稳定，盈利能力更加显现。但预计同类其他支付手段将会出现，并成为平台的有力竞争对手。故而此年度的重点在于推陈出新，抢占制高点，保持原有顾客忠诚度，同时吸引潜在客户，进一步扩大市场。

平台在前三年积累的成功经验上，将制订新的项目拓展计划。

指导老师点评

"维支付"项目是通过对二维码技术的创新应用将二维码作为现金的载体从而实现移动环境下近身支付的新模式。该项目充分把握了二维码应用在手机用户中使用的普及性，结合用户传统的支付习惯和二维码技术的特点，设计了一个操作简便、安全可靠的移动支付平台。

该方案通过网络和实地调研，收集整理了大量数据资料，通过对目前各类第三方支付、移动支付平台现状的分析，及消费者网络支付行为影响因素的研究，发现"个人账户信息安全"和"操作流程的便利性"已成为影响消费者使用电子支付作为日常结算手段的主要因素。互联网迅速发展的背景下，传统的POS机与网银支付使用过程中出现的种种不便已无法满足消费者的支付需求，针对这一现状，The Young团队推出的"维支付"对提升消费者体验，促进移动支付应用的发展具有实践意义。

从该项目方案的业务模式来看，付款账户和资金等信息通过加密算法加密后生成的二维码支付凭证有效地保护了付款人账户信息的安全，与此同时简化支付的操作流程。以智能手机作为运行平台，免去了POS机等专业设备的购置与维护，降低使用成本的同时更便于商家的分布使用与集中管理。

该方案的营销战略制定详尽，投入产出分析比较详细，风险评估与管理到位，发展规划合理。总之，"维支付"项目在移动支付方面具有一定的创新性，在得到邮储银行的帮助下方案实施能够落地，具有一定的可行性。但项目方案对项目的成本收益分析较为粗略，项目实施计划不够详细，作为大学生初次创业的项目，在资金来源和项目实际运作等方面仍有待进一步思考。

5　Divine-集二代废旧集装箱再利用推广计划

参赛团队：上海海事大学 Divine 团队
参赛队员：张文嫣　顾思倩　俞晴洲　严　巍　陶　柯
指导老师：董　岗
获奖情况：全国大学生网络商务创新应用大赛全国第二名
关键词：集装箱 B2B 模式　网络营销　环保概念　移动住宅

5.1　项 目 概 要

5.1.1　团队介绍

名称：Divine

Logo：参见图 5-1。

图 5-1　团队 Logo

5.1.2　公司介绍

公司名称：Divine-集二代

公司定位：废旧集装箱再利用概念推广及销售。

公司资本结构：创业团队控股 40%，企业法人股 20%，风险投资控股 40%。

商业模式：公司的商业模式属于 B2B，我公司称为电子商务平台的平台。

5.1.3　项目背景

人口过剩和不断迁徙成了现代人生活的标志，而自然灾害的侵袭又让多少人无家可归。传统的住房观念已经不合时宜,这也激发了人们对自我居住空间的全新思考。用集装箱来盖房子就是其中的一种新思路,它绿色环保,省时省力,非常灵活多变,相对传统住房能提供给住家更多的选择,个人、家庭、甚至一个社区都能各取所需,一个钢铁盒子做成的房子也能充满时尚气息,对环境非常友好。目前在我国,集装箱循环利用尚处起步阶段,集装箱房屋的建设属于新兴产业,整个社会对此了解不多,重视不够,在建设用地和规划审批等方面,都没有相应的政策支持。专家认为,在保障房供应比较紧张或购买人有限制的情况下,开发“住人集装箱”也许是未来解决低收入人群住房难问题的有效途径。我们对此的建议是:加大宣传力度,提高社会认可度,将建设集装箱房屋纳入住宅建设的统一规划,制定优惠政策推动集装箱房屋建设快速发展。

5.2 市场分析

5.2.1 市场环境分析

1. 集装箱主业仍然低迷

目前世界航运业正处在低谷,由于航运业的上升期无法预知,导致了关联行业如集装箱主业陷入低迷。这样一来就会促进企业去寻求新的发展方向,其中一部分的企业就开始从事二手集装箱的转卖。

2. 资源日渐丰富

由于网络的发展,许多实体企业开始在网络上开展业务。我们的推广可以直接与企业做链接。

百度搜索栏显示关键字“二手集装箱出售”的相关结果为1 280 000个(参见图5-2)。

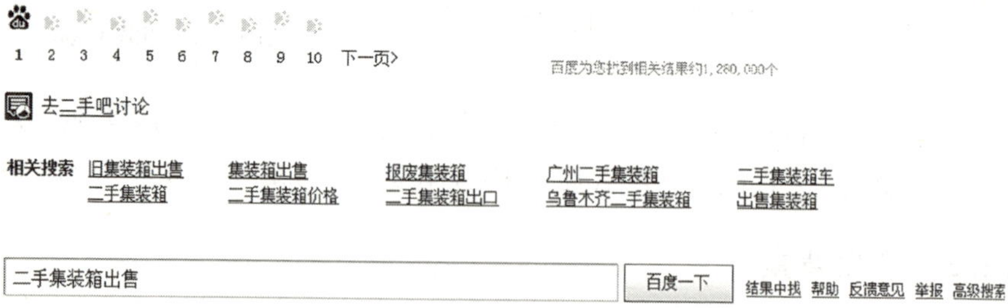

图5-2 百度搜索结果

像中国集装箱网这类行业网站，已经对部分出售集装箱的企业进行了地区及类别分类，卖家可以轻易地在网上搜索联系企业（参见图 5-3）。

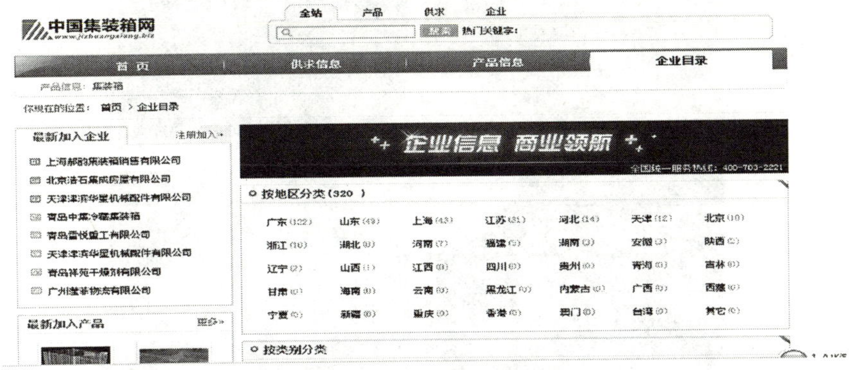

图 5-3　中国集装箱网

更有一些较大的企业注册了独立的域名，且买卖双方可以在网页上直接进行询价交流。这些公司中有部分会在网站上即时更新行业新闻及公司案例，可以说网络平台建设已经日趋成熟。但是目前最大的问题在于这些公司的网站浏览量大多来自对购买集装箱已经有意向和兴趣的受众，如何使得网站的知名度提高，扩大影响力，依旧是一个问题。而我们的课题则可以与他们的企业相契合。

3. 环保行业前景

基于国家近年来一直致力于循环经济、节能减排、创新城市建设发展等方面，且二手集装箱改造推广这个课题符合节能减排及低碳环保的主题，如果我们的推广能够盈利，无疑是一种双赢的策略。

4. 地理优势

二手集装箱厂家及公司由于成本等诸多因素，大部分集中在港口城市。上海作为国内最大的港口——洋山深水港的所在地，积累了巨大的潜在优势，这对集装箱再利用文化的推广将起到巨大的推动作用。Vneed 平台依托本团队创新理念而建立，并将其付诸实践，是收集并售卖需求的平台。

5.2.2　SWOT 分析

对于成立一家关于废旧集装箱改造再利用的公司，我们对自己的团队进行了 SWOT 分析（参见图 5-4）。

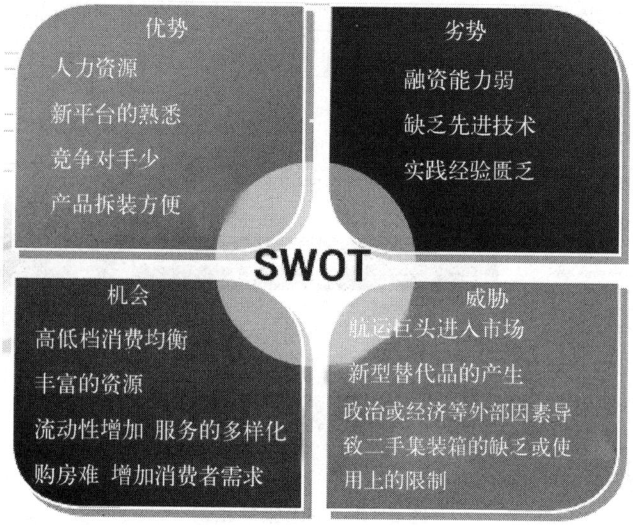

图5-4 SWOT分析

5.2.3 优势比较

现今在市场上比较流行采用的是活动板房，那么集装箱改造房和活动板房相比较有什么优势呢(参见表5)？

表5 集装箱活动房和活动板房的优势比较

	集装箱活动房	活动板房
活动性	可移动，可再次使用。	可移动，不可再次使用。
快速组建	制造工期短，免地基。	制造工期短，免地基。
安全性	钢骨结构，防风、防震。	夹心结构，防风、抗震性能一般。
耐久性	钢板外壁，耐腐蚀，耐酸性，不生锈不龟裂，使用年限在20年以上。	彩钢夹芯板，使用年限至多4年。
隔音隔热	采用空断隔热设计，隔音、隔热性。	隔音隔热一般。
美观性	可做各种造型设计，外壁花色多，外观亮丽，美观。	造型单调，可塑性低。
成本	造价低，质优价廉。	造价低，质劣价廉。
承重能力	强，可多个叠放在一起使用。	弱，不易于组合叠放使用。
环保性	绿色环保、减少碳足迹、可循环利用。	不可降解。

5.2.4 市场调查分析

调查显示,多数人对二手集装箱再利用的行业都不是非常了解,但是也存在一定的兴趣,想参与废旧集装箱的改造设计。

其实每年全球有 200 多万个集装箱退役,如果将其充分利用起来,会大幅降低固体废弃物污染。国际上利用废弃或旧的集装箱改装成房屋、临时场所或移动设施等循环利用项目已十分广泛,但国内废旧集装箱的循环利用和开发还处于起步阶段,近年来很多企业积极投资变废为宝,大力发展循环经济将废弃的集装箱打造模块化绿色建筑,产品在市场上广受欢迎。

集装箱的特性非常适合作为单体居住空间或者建筑元素使用。集装箱为钢铁框架结构,四角承重,安全性高,具有优越的抗震、抗压、防风、防雨、防火、保温能力。集装箱尺寸多样,但大多都具有适合人居的空间尺寸,可根据需要随意进行空间组合。外观也可做各种造型设计,亮丽美观。集装箱灵活性好,移动方便,无需拆卸,内部物品无需移动,可整体随意搬迁。而且成本低,造价低,质优价廉。所以集装箱的可利用价值还是很高的。

在对集装箱用途的调查中发现:集装箱房屋在旅游景区中的设计应用,集装箱房屋用做地震后临时住宅,类似于改成房车一样的移动性住宅,博物馆等艺术性场所,集装箱餐厅建筑,永久性住宅,这几个应用都占有了相当的比例。

集装箱有着丰富的创意应用空间,创意成果应用领域广阔。在国际上,利用废弃或旧的集装箱改装成房屋、临时场所、流动展馆、艺术馆、移动店铺等循环利用项目已经十分广泛。尤其受到运动、户外、餐饮、汽车、科技等行业的青睐。在国内,集装箱建筑的发展总体尚处于起步阶段,基础设施简单,组合形态和外观表皮的处理比较单一,设计还不够人性化,或者说缺乏专业的设计,集装箱建筑还没有引起主流意识的认可,更没有相关的政府政策支持,很难达到有效的推广。

近年来,我国环境污染严重、生态发展不均衡、水土流失、自然灾害频繁发生,我们可以将集装箱改建做灾后临建房、移动医院等。随着物质水平的提高,地价的不断攀升,也可改建为幼儿园、民工暂住房、学生宿舍、工作室、旅游景观区的临建住宅等。

鉴于集装箱改造房经济、可移动、DIY 等因素对消费者产生的吸引力,这种新型建筑还是可以被广为接受的。在设计集装箱改造房的时候通常都有这三个设计理念：低碳(通过新技术、新材料提高能效,降低二氧化碳排放量);环保(设计施工及后期使用不破坏原有生态环境,不会产生大量的废弃材料及垃圾);时尚(颜色采用艳丽红色为主,色彩搭配简约大气,符合现代审美观)。设计原则也遵循尊重自然、和谐统一、满足高品质生活与度假休闲的基本需要;通过科学合理的设计,运用新技术、新材料与自然生态环境完美结合;使用原本已存在的集装箱作为基本建材,节约能耗与资源成本等。

调查中,更多人对二手集装箱改造所产生的安全问题持有怀疑态度。的确,集装箱改造房屋是一种新型的钢结构房屋结构形式,如今正在民用建筑领域中大力推广。但是集装箱在从运输货物的柜子到组建房屋模块的转变过程中,破坏了其原有的个体结构形式和整体组合方式,并且其承受的荷载也发生了改变,所以集装箱改造房存在着安全隐患。另外,集装箱房,通常只有偏远地段才有地方摆放,居住较分散,安全系数较低。

所以,在推广集装箱房屋的同时,一方面要有对集装箱结构合理化的设计,确保集装箱房的内部安全;同时也要对集装箱房的周边进行统一化管理,从而消除住房者的安全顾虑。

在推广集装箱房屋的初期,考虑到消费者较为保守的心理,需要对集装箱房进行开放式免费参观,让更多人愿意和能够进入集装箱房屋切身体会,并且可以推出一些短期租住体验的优惠活动,从而吸引购房者和租房者。

5.3 营销策略

5.3.1 网站营销

方式：在自己的企业网站上添加展示所有代理信息以及自营信息(参见图5-5)。

5.3.2 品牌营销

方式：

(1) 参与地区性及全国性建筑展销会,将自己企业的理念与特色传播出去;

(2) 开展创意集装箱派对,邀请相关企业参与进来;

(3) 为灾区提供用集装箱改造的临时性住房,以公益的方式扩大品牌知

图 5-5 网站效果图

名度。

5.3.3 网络营销

方式：

(1) 视频营销：通过视频媒介展示集装箱再利用的优势与企业的优势；

(2) 游戏营销：制作一些有关集装箱再利用的互动小游戏；

(3) 应用广告营销：与应用开发者合作，为其提供资金，制作应用时，将公司信息合理地安排进去；

(4) SNS 营销：通过微博、QQ 社交网络互动平台，与客户实时沟通，传递新讯息。

5.3.4 平台建设

微博平台：个性域名：http://weibo.com/divinegogogo

在项目初期，我们的主要宣传方式在于微博的互动宣传。现阶段，我们已经完成了微博平台的初步建设。在主页上传了“集装箱建筑之上海多利农庄”、“创意二手集装箱活动房屋之星巴克咖啡馆”、“宜家集装箱活动房屋式学生公寓”等案例，图文并茂地对现有的集装箱改造案例进行宣传（参见图 5-6）。

我们使用微博平台来推广集装箱再利用这一方案。已有案例是基于问

图 5-6　Divine-集二代微博主页

卷调查结果所选择的,迎合大众兴趣,具有参观性、借鉴性。微博主页的语言风格轻快幽默,符合网络年轻人的交流方式(参见图 5-7)。

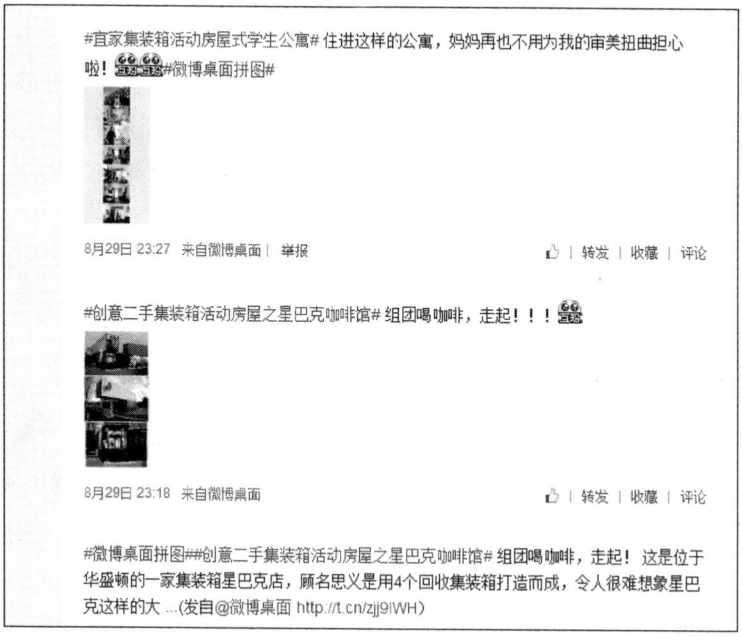

图 5-7　Divine-集二代微博页面

其他联系方式(参见图 5-8)：QQ：2382566147。

图 5-8 Divine-集二代 QQ 联系方式

5.3.5 宣传策略

(1) 校园宣传；

(2) 生活杂志宣传；

(3) 电视媒体宣传；

(4) 城市地铁、轻轨广告投放；

(5) 微博、人人网等社交网络平台宣传；

(6) 公交车身车尾平面广告投放；

(7) 广播电台广告投放；

(8) 搜索引擎优化。

5.4 风险规避

(1) 管理风险：集装箱改造房在中国的发展还不到 20 年，还是一个较为不成熟但潜力巨大的新兴行业，国内没有太多成型的管理模式。集装箱改造房发展较为成熟的北美市场的营运方式未必适合中国特殊的国情。这样就可能形成管理层决策失当、战略计划制订失误等管理风险。

(2) 预防措施：针对集装箱改造房有类似于重工业生产的特点，公司可以借鉴重工企业的内部管理和发展方式，采用集体决策的方式保证战略实施的科学性，并注意总结金箱集装箱改造有限责任公司经营中失败的教训及成功的经验，从而提高管理水平。公司的运营过程中，在三个阶段转型时期由于部门的变动而引起人员的变动容易导致管理上的困难和权力行使的混乱。对此，我们要在每一次转型前做好人员组织分配工作，使公司能够一直有条不紊地运行。

(3) 政策风险：集装箱改造房在中国每年以不低于12%的速度发展，然而国内的立法、政府管理章程还是空白，所以政府的政策导向、政策优惠措施、政府的管理机制会对公司经营产生巨大影响，构成经营风险。

(4) 预防措施：集装箱改造房以其自身“低价”、“环保”、“节能”的特点已经被社会关注，在政协会上已经有代表提出相关议案，未来政府在很大程度上会支持集装箱改造房的发展。金箱集装箱改造有限责任公司在营运前期分析当地政府的政策，在营运期通过义务赠送独立改造房的营销活动，建立良好的企业社会形象，以获得当地政府的支持，这些经验、措施可以作为参照。

(5) 财务风险：由于经营过程中各种难以预料和无法控制的因素，使公司在一定时期、一定范围内所获取的最终财务成果与预期的经营目标发生偏差，从而形成使公司蒙受经济损失或获得更大收益的可能性。

(6) 预防措施：我公司在运行中财务风险主要表现在筹措资金、长短期投资、分配利润等方面。应对财务风险，首先我们要严格做好预算，其次，当公司的经营业务发生资金不足的困难时，可以采取发行股票、发行债券或银行借款等方式来“二次融资”。此外，我公司还要做到确定最优的现金持有量、最佳的库存量以及加快应收账款的回收等，防止资金链断裂。

(7) 营运风险：由于经济条件的不可预知性，订单的数量可能与预计值不相符，造成供不应求或者滞销的状况。

(8) 预防措施：在接受大订单的时候，市场部经理、生产部经理和总经理需要做出三方决议，保证履行订单。采用订购的方式和JIT的库存管理方式(在中国市场由于原材料方供给十分充足可以保证“即时生产”)，消除库存与滞销的状况。在经济危机时期，成品集装箱改造房难以销售时，公司可以转向生产经营集装箱改造式旅馆，此类经营利润额度虽小，但是非常稳定，有利于度过危机同时保证投资者的基本收益。

5.5 未来规划

项目中期，依靠多年的设计、经营经验以及自身品牌，我们将建立一个平台作为优秀集装箱案例的集成基地，拥有域名，建立自己的网站平台，更好地实现与用户的互动。作为平台的提供方及方案的推广者，我们采取以下盈利

方式:

(1) 在网站上接受客户订单,赚取利润。向合作的设计企业及集装箱原料提供方收取中介费及推广费用,每推广一次设计或促成一次业务将收取合理的百分比盈利。

(2) 相关行业广告业务,如对集装箱酒店、宾馆进行宣传,制作个性化旅游攻略。为有兴趣和意向的用户提供建议,其中包括为每位客户提供个性化选择,帮助接洽合适的企业,提供设计、原料及选址分析。

(3) 利用网络平台将本公司从一个以销售二手集装箱再利用为目的的公司向一个打造二手集装箱再利用的文化产业化公司转型。利用之前公司良好的品牌效应,配合网络平台,以及多年经营的资金支持招聘更多的优秀设计师团队,打造引领二手集装箱再利用设计行业的风向标。

在项目的后期,我们需要在二手集装箱再利用行业向更深层次发展。据我们调查,相当大的一部分人喜欢集装箱住房有一个很大的原因就是 DIY 程度高,二手集装箱再利用行业已经不单单是一个建筑行业,而是发展为一个文化产业了。本公司计划依靠公司多年经营积累的行业经验以及强大的资金实力,发展属于自己的二手集装箱再利用文化产业园区。根据初期的问卷调查,人们对集装箱在旅游景点、餐馆、博物馆和文化基地的应用也相当感兴趣。本公司打算依靠对二手集装箱的重新设计改造,将集装箱聚合在一起搭建大型的创意化建筑,以此构建一个以二手集装箱再利用为主题的文化创意产业园区。文化创意产业园区可以先在洋山港等港口建设,一来切合主题,二来建造成本可以相对减少。产业园区内主要以餐馆、酒店、商店等服务性产业为主,除此之外,我们将在园区中建立一个地标性建筑——集装箱博物馆,弘扬集装箱文化、海洋文化。

5.6 总 结

我们的生活是现代的、轻松的、环保的。对于生活空间的感悟,我们不断滋生着一份年轻的渴望。它可能只是一个小小的空间,却是最舒展最自由的天堂;它一定亲近自然,随时感受着大自然的脉动;它的窗外一定要有绿色有水面,靓丽精彩,格调高雅;它的价格一定要易于被市场接受,而不是让住房变成生活的负担……花样年华,我们拒绝平庸,我们高呼享受生活、享受精彩。

指导老师点评

本次创业报告书的撰写过程中，学生们的思路天马行空，提出了很多很好的想法。但我们本着追求核心，做小不做大的原则教育学生抓住项目的重点，提醒学生明确自己的核心业务，围绕自身项目的核心业务运作，将其他好的点子作为补充或者后期发展，不要给评委一个“什么都想做，什么都想赚”的印象。

通过这次比赛，学生们让自己的想法得到了更好的表达和具象化，充分发挥了自己的团队合作能力、竞争能力、创造能力以及市场挖掘能力。此外，在整个项目的实践中，他们的创业计划书撰写能力得到了很大的提升，对创业也有了一个更加清晰的认识，思考能力也有很大的进步，而我作为一个白手起家创业的企业家，也从他们身上看到了自己当年的激情，了解到了当下大学生的思维方式。

全国大学生网络商务创新应用大赛为学生们发挥自身潜能提供了一个广阔的舞台，让参赛同学在整个比赛中主动去获取创业知识，收集市场信息，培养创新能力，提升自身综合素质。

6 基于电子商务平台的非物质文化传承研究

参赛团队：上海电力学院 六扇门团队
参赛队员：孙雯婷 邓根伍 郭 颖 陈路杭
指导老师：李春丽 王颖
获奖情况：全国大学生网络商务创新应用大赛全国第三名
关键词：非物质文化遗产传承 电子商务平台

6.1 项目概要

6.1.1 创意来源

随着现代化、全球化浪潮的不断高涨，民族地区丰富多彩的传统手艺正在迅速消失，这些宝贵的民族科技文化既是传统科技文化的活化石，又是民族地区走向现代化的基础，而且是发展极具特色的区域科技文化的基因。就我国的实际情况来说，由于观念和体制的原因，传统工艺在相当长的时间内是处于放任自流的状态。一些有代表性的、具有重大历史价值的传统工艺沦于濒危状态。例如，南通的印染技术由于手工艺过于繁琐，制作辛苦，所以到了第四代传人手里就面临着无法传承的困境。这些工艺应该得以发展与弘扬。

然而，在当今信息技术快速发展的时代，传统的非物质文化遗产保护和传承大多跟不上时代的步伐，只有将传统文化与时下最流行的事物与技术相结合才能更好地保护与传承非物质文化遗产。经过我们的调查，目前市场上还没有专门教授传统手工艺的网店，而我们的网店“遗失的美好”正是这样一家以电子商务为平台，专门提供上门教授传统手工艺的服务，向人们传递传统手工艺的理念，让人们感受老一辈的传统技艺，让传统手工艺发扬光大。

6.1.2 “遗失的美好”网站简介

传统手工艺的发扬光大，需要“变”，即尽可能利用现代技术，提高这些传统手工艺的知名度。发展是最好的传承。一味强调保护，会使传统手工艺与社会现实产生距离，更会导致市场的萎缩。酒香也怕巷子深，通过宣传推广传统手工制品，让它们广为人知。同时，引导手工艺人，让传统手工艺与现代技术相结合，尽可能发掘其市场价值和文化价值，比如让某些不适应现代生活需要的手工制品重新适应人们的需要，或者干脆从实用性向观赏性转变，从而打开市场。

传统手工艺的推广通过多媒体技术和电子商务平台相结合，最主要是基于电子商务平台创建网店“遗失的美好”进行线上销售，其次基于线下上门服务活动推广传统手工艺，将传统手工艺带进千家万户。

传统手工艺的推广将依托电子商务平台创建网店“遗失的美好”，由于金算盘为我们提供了电子商务平台，我们不需要再搭建网站框架，使得我们的网站即刻可以运营。我们网站的运营模式是提供上门服务，即上门教授传统手工艺，使消费者可以在购物的同时享受到传统手工艺的美好。“遗失的美好”网站作为国内为数不多的一家将传统手工艺与电子商务相结合的网站，发展前景是很好的。通过网店的开设，让每一位顾客感受到在我们网站挑选手工艺本身就是一种快乐的事情，并且让每一位经过我们工作人员上门教授的消费者都能享受自己动手制作食物、制作手工艺品的快乐，重拾那些遗失的美好，回味儿时的回忆，或者拥有一个由我们创造的美好回忆。

“遗失的美好”网站主要针对的群体是小朋友、年轻人和中年人，这些人群将能更好地将传统手艺传给下一代。我们将更快地推进市场需求，完善网站，更好地宣传发扬传统手艺。

6.1.3 产品概况

“遗失的美好”网站主要通过B2C的电子商务平台开设网店并销售商品。它实质上销售的是传统手工艺和传统游戏，传统手工艺又包括传统饮食和传统手工艺品，作为国内首家将传统手工艺与电子商务相结合的网站，发展前景是很好的。随着人们快节奏的生活，传统手工艺濒临消失。“遗失的美好”作为为数不多的销售传统手工艺的网店，竞争程度较低、竞争产品较少，发展潜力巨大。

“遗失的美好”将通过逐步深入市场的方式推广自己的品牌。我们将先通过在金算盘平台上建设网店,起初只在上海地区销售。之后,通过宣传以及获得政府的支持,我们将扩大市场,面向全国销售,并逐步在各地区建立配送中心及实体店。我们要积极宣传我们的经营理念,让传统手工艺发扬光大。

“遗失的美好”通过销售传统手工艺与传统游戏,让更多的人学到传统手工艺,让更多的人重温儿时的回忆。这种在家学习手工艺的方式,既环保又能让人们身心愉悦,它将通过细心、耐心的上门服务,赢得人们的口碑,得到市场的认可。

6.2 市场分析

6.2.1 “遗失的美好”的独创性

前面我们说了,随着人们快节奏的生活,传统手工艺濒临消失。“遗失的美好”作为为数不多的销售传统手工艺的店,竞争程度较低、竞争产品较少,发展潜力巨大。而且,“遗失的美好”网站主要通过 B2C 的电子商务平台开设网店并销售商品。它实质上销售的是传统手工艺和传统游戏。通过网店的开设,让每一位顾客感受到在我们网站挑选手工艺本身就是一种快乐的事情,并且让每一位经过我们工作人员上门教授的消费者都能享受自己动手制作食物、制作手工艺品的快乐,重拾那些遗失的美好,回味儿时的回忆,或者拥有一个由我们创造的美好回忆。

6.2.2 SWOT 分析

本项目的 SWOT 分析如表 6 所示。

表 6 SWOT 分析

优势 Strengths	劣势 Weaknesses	机遇 Opportunities	威胁 Threats
教授传统手工艺网络销售市场开发程度不高,没有过多的竞争商家参与,市场前景广阔。	由于市场上没有运用电子商务平台运营非物质文化遗产的先例,无法借鉴经验。	不管是政府还是普通民众,对非物质文化遗产传承的关注度越来越高。	产品特性库存周期不能过长,要求准确预算能力。

续　表

优势 Strengths	劣势 Weaknesses	机遇 Opportunities	威胁 Threats
品牌的整合度高，品种齐全；线上＋线下的组合营销。	非物质文化遗产涉及范围广大，前期需要做的准备和收集工作比较繁琐。	信息化时代，电子商务发展势头迅猛，市场消费潜力无限。	雇佣员工成本大。
足不出户，就能享受美食，学到自给自足的手艺。			供应商的引入困难。
传统游戏带人走向户外，强身健体。			

6.2.3　目标市场

“遗失的美好”传统手工艺推广将利用以下三个阶段逐渐发展：

1. **第一阶段：本校市场**

本阶段以上海电力学院生活园区与大学生社团为依托，在本校集中推广传统手工艺，举办传统手工艺课堂，通过园区活动和社团活动，调动大学生学习传统手工艺的积极性，让大学生通过亲自动手实践真正体会到传统手工艺的精髓，真正热爱传统文化。通过一段时间的推广，使“遗失的美好”网站提供的上门教授传统手工艺在师生之间口碑相传。

2. **第二阶段：上海市其他高校**

经过在本校推广以及举办成熟后，可将该服务推广到上海市的其他高校，由于不存在技术困难，因此可实施性较强，只需在第一阶段的基础上与其他院校相关部门进行必要的协调并采用类似于第一阶段的宣传方式即可完成传统手工艺更大范围的推广。

3. **第三阶段：居民小区**

在完成了前两个阶段的基础上，可以尝试将传统手工艺向社会推广，在该阶段的推广中，我们将与各居民小区的居委会联系，采用定期举办传统手工艺课堂的方式，进一步拓宽“遗失的美好”市场，这一阶段的主要目标是让所有人，不管是小孩、年轻人，还是老年人都能在这个课堂上感受到自己动手的快乐，感受到传统手工艺的美好，继而让传统手工艺更好地发扬传承下去。

6.2.4 购买原因分析

(1) 购物网站已成为网民最常用的购物搜索平台。近年来,由于大型购物平台的崛起,平台内商品种类不断丰富、信息不断完善、价格也极具竞争力,网民直接在这些购物平台上搜索的意愿增加。网民电脑上常用搜索网站类型中,购物网站常用比例达 75.8%,远超综合搜索的 23.7%和垂直搜索的 0.5%。随着电子商务的普及,以及物流和在线支付服务质量的提升,网民线上购物意愿逐渐提升,购物搜索后在线购买的比例增加。62.2%的网民在电脑上搜索购物信息后,以线上购买情况较多,与 2012 年相比增加了 22 个百分点。在手机上搜索购物网站后,以线上购买的比例也接近一半。

(2) 人们越来越喜欢足不出户就可享受到服务。随着社会的发展和人民消费水平、生活质量的提高,消费需求也在不断得到提升,人们对吃和玩越来越讲究。当今社会,食品安全越来越成为一个问题,因此在家自己动手准备食物已经越来越受人们青睐,然而,各方面的调查发现,大多数人是“心有余而力不足”,一部分人不会包饺子,一部分人不会制作方糕,一部分人不会包青团。这就造成了人们直接买现成,很少有人亲自动手做。针对手工艺品开展的调研了解到更是鲜有人会制作面人、制作中国结。

6.2.5 盈利模式

初期免费授课,只收取相应的材料费,以赚回材料成本。中期,我们将目标市场扩展到社会层面,由于客户人数不是很多,所以我们采取“一对一”上门教授课程的方式,收取相应的课程费用和材料费用。后期,由于客户逐渐增多,我们将根据客户的地址来决定在哪个区域开始线下的教授课程,根据课程来收取相应的费用,之后,我们会售卖一些制作繁复的手工艺品。

6.3 平 台 搭 建

非物质文化遗产的传承是一种以人为载体,以口传心授的方式代代相传的活态传播。随着老一代传承人的逝世,他们身上的文化内涵就难以得到有效的传承,随着现代化、全球化浪潮的不断高涨,非物质文化遗产将受到很大的冲击。传统的传播方式已经很难适应如今快速变化的传播环境,亟须寻找新的传播渠道和传播方式来继承和发扬中华民族优秀传统文化，推进社会主义先进文化建设。

6.3.1 网站功能图

图6-1为网站的基本功能图，该图主要从用户和管理员两个角色展现系统的基本功能，用户能自行注册登录，修改个人资料，增加订单，删除订单，查询订单；管理员能进行用户管理，处理订单，增加商品，删除商品，同时又保存了用户的所有功能。

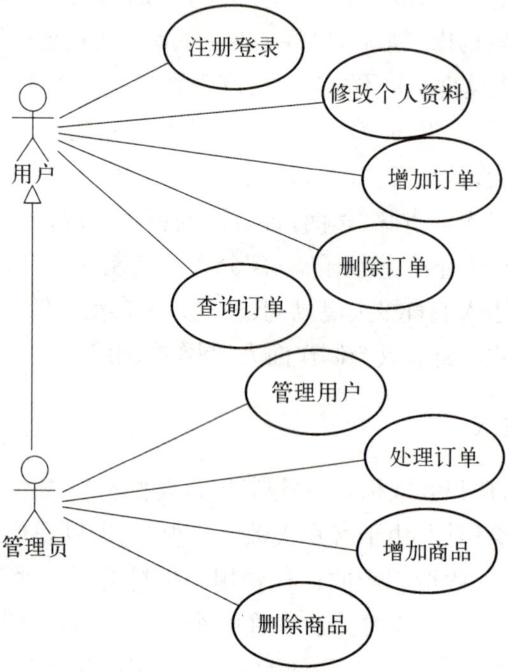

图6-1 网站基本功能图

6.3.2 网站首页展示

图6-2是网站首页的展示。

在导航栏中您可以进行会员的注册/登录，能够查看我们出售的传统手艺和传统游戏，查看新手指南等顾客想要了解的信息和关于我们等栏目(网站结构图中①部分)。

在右上角有我们的联系方式(网站结构图中②部分)。

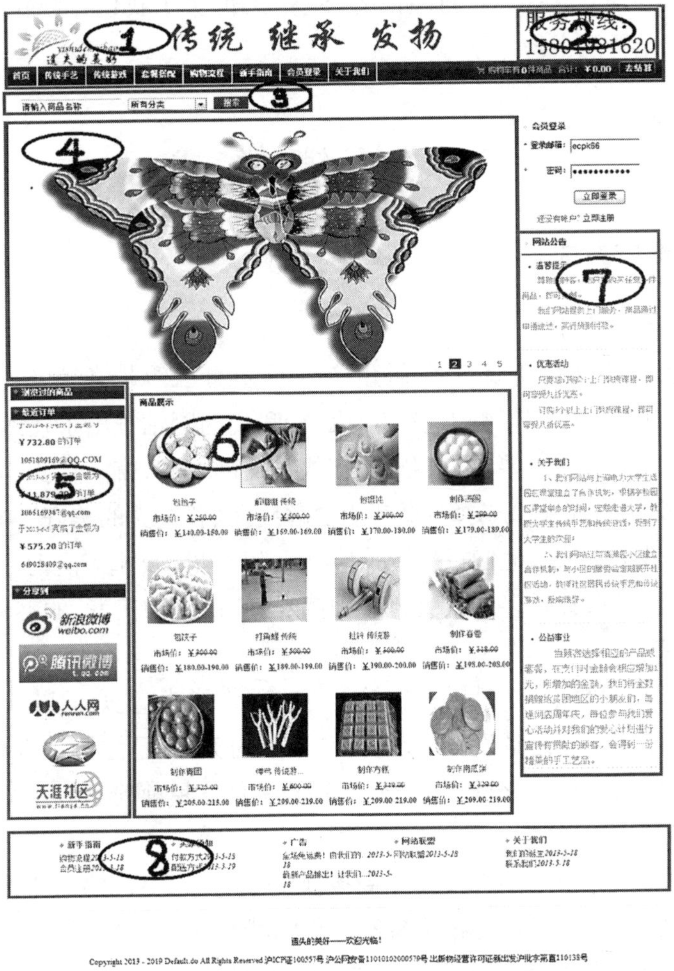

图 6-2 网站首页展示

在搜索栏,顾客可以对某一具体商品进行搜索(网站结构图中③部分)。

在搜索栏下方有轮播广告条(网站结构图④部分)。

在左侧边栏顾客可以查看到已浏览过的商品和我们网站的最近订单及友情链接(网站结构图中⑤部分)。

在位于中间部分的是商品展示区,在这里顾客可以一目了然地看到人气商品和最新上架商品(网站结构图中部⑥分)。

在右侧的边栏您可以看到我们的网站公告,温馨提示、优惠活动和公益事业(网站结构图中⑦部分)。

在最下方的导航栏，有新手指南、买家须知、关于我们、网站联盟和一些广告(网站结构图中⑧部分)。

6.4 营销模式

6.4.1 推广方式

1. 借助社交网络

在线社交网比如新浪微博、腾讯微博、天涯社区等越来越受到年轻人的喜爱，且在年轻人中间影响力极大。因此，我们的网站推出了在线社交网络的分享模块，消费者只要点击相应的在线社交网图标，就能将我们的网站分享到其社交网上，让其好友、同事都能了解到我们“遗失的美好”网站。对于内部会员，我们也鼓励他们将“遗失的美好”的网站以及相应活动等分享到他们的在线社交网，让更多的人更直接地感受到“遗失的美好”的魅力，吸引更多的消费者。

(1) 新浪微博是目前最新兴、最流行的网络形式，受众面以社会人士为主，且在大学生中有迅猛发展的趋势。“遗失的美好”已注册官方微博，并且及时更新团队信息及发布新产品，吸引用户关注。目前粉丝数为20位，关注数为16位。

(2) 在第六届全国大学生网络商务创新应用大赛暨网络商务人才能力发展项目官方网站上，我们发布了参赛历程的博文，并且向多个团队的队长发出站内信，互相支持，我们小组的参赛方案获得投票数为25票，阅读数为297次，团队人气数为62。

2. 校园宣传

因为我们网店一部分重要的顾客是学校社团，我们在各大高校的推广黑板上贴上我们网店的广告，在寝室楼底下的通知栏上也贴上我们网店的广告，网店的知名度将会慢慢累积起来。

3. 社区宣传

我们网店另一部分重要的顾客是社区居民，通过在小区的广告栏上张贴广告和派发宣传册，让居民对我们的网店留下印象，为以后的传统手工艺进社区做准备。

6.4.2 特色营销

1. *公益活动*

“遗失的美好”在将传统手工艺带给大家的同时，也希望我们的顾客能把爱心传递给更多需要的人群。因此，我们将在网店推出相应的套餐，顾客选择相应的产品或套餐，在支付时金额会相应增加1元，所增加的金额，我们将全数捐赠给贫困地区的小朋友们。同时，我们承诺，每位参与我们爱心活动并对我们的爱心计划宣传有贡献的顾客，我们会在周年庆时，送上我们精美的手工艺品一份。

2. *校园活动*

我们将与大学社团定期举办线下活动。比如，端午节期间，去大学校园举办“粽叶飘香”活动，组织一些大学生教他们包粽子(参见图6-3)。现在的大学生会包粽子的人少之又少，到了端午节只会买现成的粽子，但买来的粽子有可能存在食品安全问题，自己亲自动手包粽子，可以避免这个问题，还能享受到包粽子的乐趣。在阳春三月，可以去大学校园办“风筝节”，自己动手扎风筝，在风筝上画上自己喜欢的图案，风筝翱翔在空中，既有娱乐性，又能锻炼身体。

图6-3 “粽叶飘香”活动

3. *社区活动*

我们每隔一段时间将定期进社区举行活动。比如，在周末的时候，举行

“亲子游戏”活动，教授传统游戏的玩法，家长可以重温小时候的游戏，孩子可以体验他们父母的儿时游戏，家长和孩子一起互动，既锻炼了身体，又能促进双方的关系。

6.5 总　　结

物质文化遗产承载了全人类的社会文明发展史，非物质文化遗产同样承载着人类社会的文明，他们共同展现了世界文化的多样性。我国的非物质文化遗产是我国文化身份的象征和文化主权的基本立足点，它不仅蕴含着我国五千年文化的精神价值、人类社会的想象力，更是一种文化意识的体现，代表了中华儿女的思维方式。随着全球化趋势的加强和现代化进程的加快，一个手工匠人的消失，可能意味着一门手工艺的永久终结，也可能意味着整个手工艺时代的终结，那些曾经灵动无比的手，在大机器时代的飞快速度面前闲置下来。那些散落于民间的传统手工艺品，在经过风雨的洗礼和历史的沉淀之后依旧是令人着迷的民间艺术，依旧能吸引更多人来揭秘其独有的魅力。为了这个美好的愿景，本文将非物质文化遗产与电子商务相结合，探讨了在新技术下传承非物质文化遗产的新思路。

传承非物质文化遗产需要国家有关部门制定相关的政策与法规，确保非物质文化遗产传承和延续；也需要社会各界人士转变观念，共同参与，这样才能使非物质文化遗产保护与传承工作走上良性的发展道路。

指导老师点评

本项目有新的创意。随着现代化、全球化浪潮的高涨，传统文化遗产正在迅速消失。为了保护这些宝贵的民族科技文化，利用互联网和电子商务手段开展文化遗产的拯救工作是非常有意义的。

本项目的市场分析做得较好。能够对市场需求和自身的能力做出客观的分析。但在产品设计方面所下功夫不够，没有明确的产品方向和开发方案。因此，本项目的实施就有了一定困难。要通过对市场的调查，这里主要是对传统艺术品的调查，找到有生存价值，且能够市场化的产品。通过产品与网络的结合，找出一条既能够拯救产品，又能够维持自身生存的途径。

7 探究电商代运营的校企合作新模式

参赛团队：上海民远职业技术学院　十八岁的天空团队

参赛队员：周嘉军　张建伟　申燕萍　何　俊

指导老师：赵　星

获奖情况：全国大学生网络商务创新应用大赛总决赛专科组单项主题赛一等奖、上海赛区总决赛专科组一等奖、冠军

关键词：电子商务代运营　校企合作　网店托管　运营

7.1 传统代运营分析

7.1.1 什么是电商代运营？

代运营主要是指帮助一些希望做电商的传统企业开展网上销售，这就需要该代运营公司具备营销、产品、客服、供应链等方面的知识，然后可以跟传统企业销售分成。目前代运营包括各种各样的方式：建站、推广、物流、客服、仓储等领域都有相关的公司涉及。提倡百花齐放，百家争鸣。当然，也包括一些为电子商务公司提供服务的专业机构。

目前全国电商代运营主要分为三大区域，一是以杭州、上海为中心的区域，以宝尊电商为代表，二是以广州、深圳为中心的区域，以良联盟为代表，三是以北京、山东为中心的区域，以瑞金麟为代表。

2012 年天猫曾发出公告，称 86.5%的天猫卖家有想法外包自己部分或全部业务，而且越是传统产业和品牌产业对于第三方服务商的需求越大。这说明电商代运营服务商有巨大的市场空间。

7.1.2 传统电商代运营发展现状

代运营凭借着团队外包，让企业简单、快速、专业地上马，在最近几年里迅速发展。随着2013年的到来，中国电商代运营行业已经进入了第六个年头。在过去的2012年中，大量的行业淘汰者和加入者向我们揭示，这个行业已经进入了快速转型期。通过行业和产业链的选择之后，2013年，代运营市场已经不再是人人可以赚钱的蓝海市场，更不是单一竞争优势可以左右胜败的草莽市场(参见图7-1)。

图7-1 2009～2014年国内代运营市场交易规模

在2012年里，品牌商已经开始考虑将这条新渠道控制权从代运营商手中收回，甚至已经开始收回，这使得中小型电商代运营公司在杭州已经倒闭了几百家。以前稳赚不赔、高增长的好日子几乎走到尽头，留给代运营商回旋的余地并不多：他们大多开始寻求新的出路——或做品牌经销商，或升级为自有品牌，或变身为解决方案提供商。有的则干脆倒闭关张。

虽然有数据显示，电商代运营市场份额已达百亿元，并以每年300%的增幅高速成长。但根据从业者的经验判断，增速远远没有达到预期。

有数据显示：凡是由服务商来运营的官方旗舰店，转换率是品牌自己运营的两倍。这说明，服务商承接的是专业化的运营。很多企业自营旗舰店，或者成立一个部门,或者成立一个公司,看起来很美,但它毕竟是一个大的体系下的一个小分支,很难灵活顺畅的运营。

2012 年国内电商代运营行业市场交易规模约为 590 亿元,近几年复合增长率超过 100%。预计 2013 年和 2014 年增速也将保持在 100%以上。代运营这种模式依然有存在的必要,在接下来的发展中应该逐渐标准化、规范化。

7.1.3 传统电商代运营存在的问题

1. 信息系统对接问题

在代运营运作中,最常见的问题就是电子商务代运营企业的电子商务系统与运营企业管理系统没有对接,实时库存无法体现在网页上面,造成顾客下订单后出现无货情况,以及订单手工传递过程中出现的效率不高、差错等问题。

2. 利益分配问题

电子商务运营过程中的营销推广、物流配送、信息系统等投入成本巨大。以国内某家知名服装品牌企业为例,在一年不到的时间内,投入 6 000 多万元开展电子商务业务,但收效不佳。而另一方面,电子商务环境下的营销成本也在不断攀升。过去一年内据保守估计,导航网站、CPS、搜索引擎等的价格涨了至少 1 倍。对于电子商务代运营企业,除了前期的大量投入外,在运作过程中还需要在营销宣传推广上花大价钱,吸引消费者访问,并最终转化为购买。之后还要保证物流配送及售后服务,这一切都以成本投入为支撑。与代运营大量和多样化的投入相对应,电子商务代运营的收入主要有:固定费用、业务收入提成、固定费用+业务收入提成等三种类型,收入模式显得偏少。在代运营过程中,代运营企业与运营企业如何就成本与收入进行分配,成为两者合作过程中的关键问题之一。电子商务代运营企业前期的大量投入需要以长期的合作关系作为保障,而且在收入分配上,也需要尽可能快地获得大量资金收入。这需要电子商务代运营企业根据自身的投入和资金实力选择适合的收入(收费)方式,在提供良好服务的同时,实现自身的良性发展。

3. 长远合作发展的问题

在长远合作过程中,电子商务代运营企业与运营企业之间会面临许多问题,主要有两大类:首先,从目前的发展现状来看,电子商务代运营企业为实现更好的发展,往往会对不同运营企业提供同样的代运营服务。在此过程中,如何保证相同的服务水平和服务质量,如何保证运营企业的商业数据不被泄露等都是电子商务代运营企业面临的问题。也就是说电子商务代运营企业在发展业务同时,需要维护与运营企业之间的信任关系,以保证双方的长远合作关系。其次,电子商务代运营企业在帮助运营企业发展之后,如何不断提升自我、满足客户的新要求,避免被"抛弃",尽管电子商务代运营的发展正在起步,但目前此种情况已有发生。国内某知名内衣企业之前的电子商务业务是由一家代运营公司负责,但现已自己组建100多人的电子商务团队取代原有的代运营公司。

7.1.4 我国中小企业对电子商务代运营的需求

有数据显示:中小民营企业占据了总企业的90%(参见图7-2)。

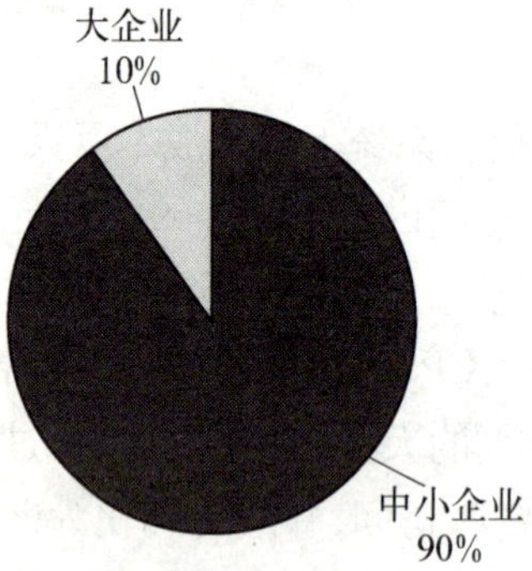

图7-2 中小企业占总企业的比例

近些年,我国民营企业发展迅速,一时间,小部分人迅速富裕起来,做起了老板,但是金钱并不能代替知识,大部分老板只知道辛苦创业,一旦企业进入发展期,往往就不知道应该如何科学地运营公司和推广自己的产品,尤其当他们发觉传统营销已后劲不足,而电子商务却在飞速发展时,他们意识到应该尽快跻身电子商务的网络营销行列,但是电子商务对于他们而言却又是陌生的。企业规模不大,资金有限,企业内部单独设置电子商务部门是不现实的,如何让这些中小型民营企业也能踏入网络营销的新领域,不仅是电子商务同时也是企业老板们亟待解决的问题。

作为电子商务专业的大学生团队而言,代运营中小型民营企业进行网络营销实践——网络营销创业,是电子商务专业学生和中小型民营企业的共赢项目。

7.2 电商代运营校企合作新模式概述

7.2.1 电商代运营校企合作新模式

从事电商代运营的门槛并不高,拥有基础电子商务经验的,或是有开过淘宝店经验的人聚集在一起就能组成一个代运营团队。只要能接到品牌,似乎一种低成本甚至无授权成本的经营就可以开始走向盈利了。所以在学校中建立代运营与企业合作的可行性是非常高的。

这便是代运营的校企合作新模式：在学校中组建专业的代运营团队为需要进入电商的企业提供整套流程的服务或是部分服务(例如：PS、网页设计、网站构架、网站后台管理、网站推广、网络营销等)。

7.2.2 校企合作代运营与传统代运营的区别

代运营公司的体系由资金、人才、产品、合同、仓库及物流、标准化、流程化、营销等构成。对比代运营公司体系，我们的校企合作代运营模式在运营体系上有着某些区别，但产品选择和合同签订基本没有区别。

1. 资金

由于我们面对的是中小型传统企业，所以校企合作代运营并不会像代运营公司需要雄厚的资金，也不需要组建像代运营公司那么大的运营团队。一般一个小的运营团队，一个美工、两个推广专员、一个文案、两个客服和一个项目负责人组成的 7 人团队配制基本足够。在学校中房租、水电、电话费、网费等其他运营费用也能够省去或者费用较低。

2. 人才

对于创业初期的电子商务代运营团队，最重要的是美工。电子商务最重要的是形象，而在学校中寻找拥有一定设计灵感的美工是比较方便的，因为学校在这方面有天然的优势，例如：艺术生与电子商务专业学生都长期训练 PS、网页设计、网页构架等，已经对美工形成一定思路。

3. 仓库和物流

在校企合作代运营模式中，由于学校不能提供仓库和专门的配送物流，这些工作只能由企业负责。企业可以利用自身的人力、物力等资源与学校充分合作。

4. 标准化

标准化是让客户信任的第二个途径，如果在校企合作代运营成熟过程中把标准化做好就更加能让客户信任。

5. 流程化

电子商务的流程主要包括两个方面：第一，产品上架的流程。主要包括产品培训——产品拍照——产品描述——图片处理——搭配销售——产品上架；第二，订单处理的流程。主要包括订单登记——订单确认——单据打印——通知企业发货人员——拣货配货——检验出库——物流配送——电话通知——销售报表。

6. 营销

代运营公司的营销活动需要占用较多资金,但学校在这方面则有更大的优势。例如:学生自己的人人网、博客、微博有着大量的浏览量,且学校本身就是一个人员密集,可以充分利用学生资源的庞大的关系网,可为企业在营销方面省去大量资金,有效降低成本。

7.2.3 校企合作的优势

代运营校企合作模式与专业代运营公司相比的特有优势:

(1) 电子商务专业学生的理论和实际操作基础好。

(2) 学生们的工作积极性高。

(3) 学生比企业职员更富有创新意识。

(4) 学校现有的实训条件给代运营的开展提供了便捷的场所。

(5) 学生的劳动力成本较低。

(6) 可以有效利用学校的专业资源进行网站推广、营销策略设计。

(7) 可以请电子商务专业经验丰富的老师进行多方面指导。

7.2.4 校企合作的特点

校企合作代运营模式的特点:

(1) 结合所学课程和实训内容搭建运营的平台,采用边学课程边实际操练,达到所学知识为企业真实项目所应用,使学生不但掌握了理论知识还实践了企业的真实业务,为未来走上工作岗位打下坚实的基础;

(2) 商品营销策略的制定和市场推广,不但能让学生将理论知识实际应用,还可以让学生在营销实战中根据具体情况调整营销方案,得到网络营销的真实演练;

(3) 作为学生,没有经济收入,即便做淘宝也需要几千甚至上万的周转资金,代运营模式可以实现学生零资金投入创业,并且卖出的商品还可以给学生提取部分佣金,使学生赢得人生的第一桶金,同时拥有代运营工作的实际经验。

我们代运营产品的公司都是中小规模的民营企业,通过代运营,给这些企业的产品开辟了网络营销的新渠道,使中小规模的传统企业也可以跻身电子商务信息产业的新领域。

这种全新的代运营模式，为学生提供了理论结合实际的操作机会，同时也提供了创业的机会；为学校提供了促进教学改革的校企合作模式；为企业开拓了网络营销的新领域。校企合作的代运营模式是学校、学生和传统中小型企业三方共赢的全新电商模式。

7.2.5 校企合作新模式的创新点

我们的创新点是3个零：

(1) 零成本开店：帮助中小企业免费在网上开店，进行店铺装修。

(2) 零费用推广：利用校园优势零费用在学校中进行推广。

(3) 零货物仓储：利用后台或者软件与企业进行对接，达到零货物仓储。

7.3 方案实施

7.3.1 代运营团队构成

代运营团队共8人，由本队4名组员、本专业其他3名同学及指导老师组成，分别负责：

美工1人(PS、AI)；

推广营销员2人(线上、线下)；

文案1人(记录销售情况、对资料进行汇总等)；

宝贝描述制作1人(对宝贝拍照、进行语言描述制作并进行上架)；

项目负责人1人(由组长把握整个策划案的进行，由指导老师进行指导、解疑)。

7.3.2 "花语者"问题的分析

学校附近有一所经营化妆品的小企业——花语者。他们曾经寻找过代运营公司，但因运营成本过高而对代运营望而却步。最终花语者找到了我们，试图寻找新的解决方案。

有数据显示化妆品在近几年淘宝的销售比均保持在5%左右(参见图7-3)。

我们对花语者进行了SWOT分析：

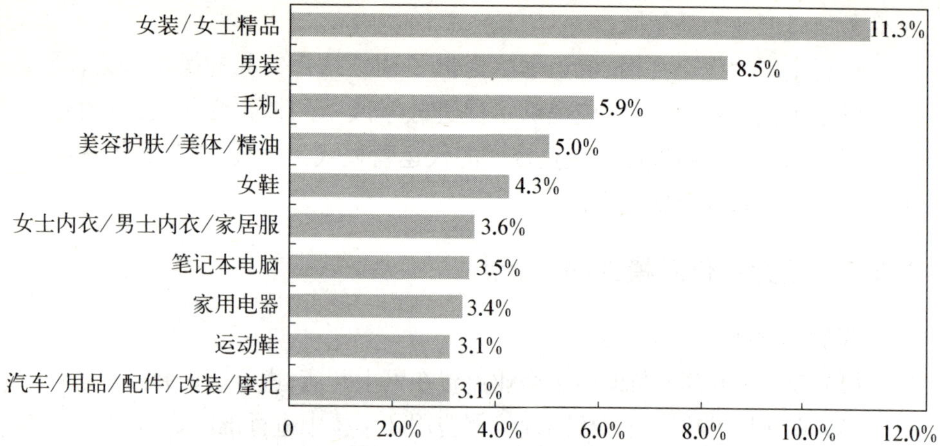

图7-3　2010—2012年淘宝各类商品销售比例

(1) 化妆品行业属于朝阳产业,市场前景好。规模巨大的人口基数,不断提升的收入水平,对美的不断需求都给这个行业带来了新的机遇。

(2) 网络贸易日益兴起。网络提供方便的交易平台和充满诱惑力的价格可以不断取代传统的交易模式。

(3) 该产品采用全新的消费理念,容易被消费者接受。

(4) 大学生的消费意识更加前卫而大胆,这是彩妆市场蓬勃发展的消费潜力所在。

花语者寻求的高质量服务和低价格的费用,正是我们代运营团队的优势。经过我们的调查分析,花语者的产品主要针对14—23岁年龄段的女性,例如:红酒多酚面膜是针对17—23岁女性肌肤推出的产品,花语者无法加大力度向这个年龄段的女性推广。这正是我们校园中拥有的最大的优势,BBS、校园论坛、人人网、微信、校园QQ群便是我们能提供的强有力的推广。

7.3.3　网店装修

网店装修图片基本由美工及宝贝描述制作来完成(涉及PS 、AI、CRD、DR、相机等工具)。共拍摄了约1 000张照片,处理完成3 000多张图片。

最后由宝贝描述制作来完成最后的宝贝上架。部分图片如图7-4所示。

7.3.4　网店推广及营销

1. 微信

在推广及营销中我们利用了微博、博客、微信、论坛、线下传统等营销、推

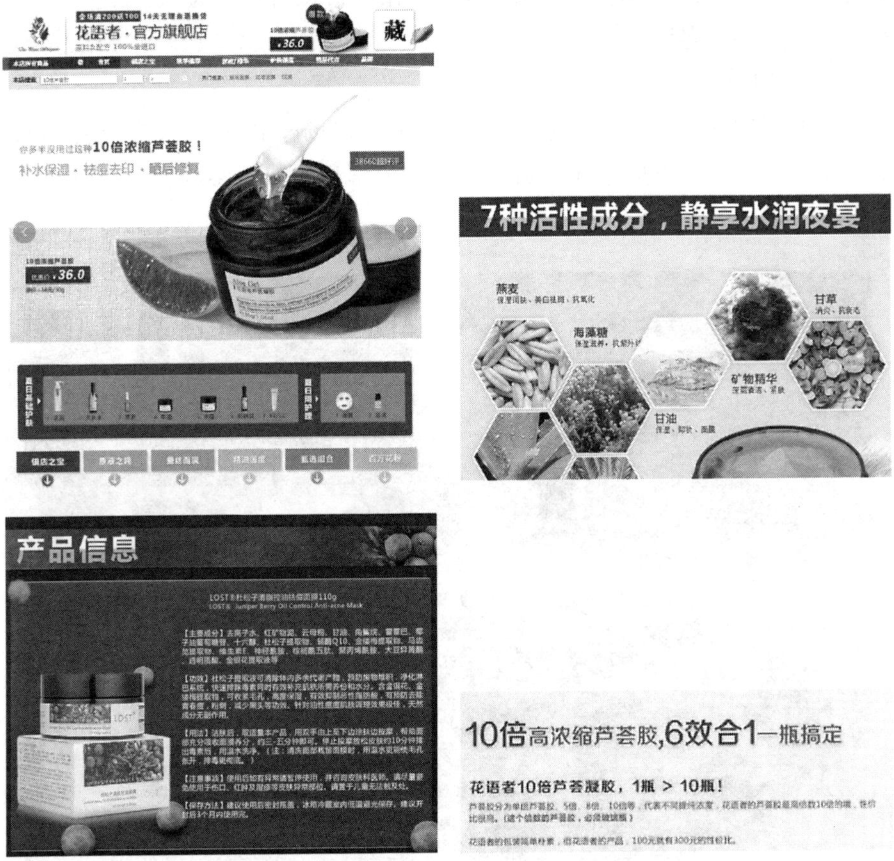

图 7-4 装修后网店内宝贝图片

广手段。其中给我们带来巨大收益且效果显著的便是微信营销。

在手机向智能化全面发展的时代,拥有大量用户基础的腾讯公司所带来的 APP 微信大家肯定不会陌生。其中大家对其中的摇一摇、附近的人、漂流瓶等功能更是乐此不疲。我们也是抓住了这一点,让推广员在微信上上传网店中化妆品照片,定期更新并附上使用后效果、使用评价、亲身体验评价等来进行宣传。

同时利用学校同学的关系网向其他同学、校友推广,进而营销。并对从微信中得知我们网店的购买者提供优惠服务。我们很多的校园购买者都是从微信上发现我们的。

2. 微博软文

微博上,我们经常发布消费者对花语者产品的使用效果评价,发布护肤小常识积攒博客人气，这样做不但起到了和客户很好的互动作用，还推广了花语者的产品知名度。

3. 校园推广

我们利用学校的自身优势，在校园内进行现场产品推广、张贴产品海报、散发小广告。这一推广形式得到了广大在校学生的热情参与，大大提高了花语者在校园中的知名度(参见图 7－5)。

图 7－5　校园推广

4. 淘客

虽然我们没有资金在网络上进行大量的广告投入，但我们可以利用学校中的学生资源，大力发展淘客，让大量的学生加入我们的团队进行淘客培训。通过淘客，我们一方面帮助花语者产品在网络上进行推广，同时也给家庭困难的同学提供了勤工俭学的机会。我们还加强了与客户的互动，进行口碑营销，争取有效地“黏住”客户。

5. 产品活动

为了提高产品的人气，我们将会采用一系列的促销手段，例如：人气产品、限时促销、抢购等活动。

7.4 网店营销成果

7.4.1 店铺 8 月访问数据

店铺 8 月访问数据如图 7－6 所示。

店铺数据

最近30天　最近一周　自定义日期

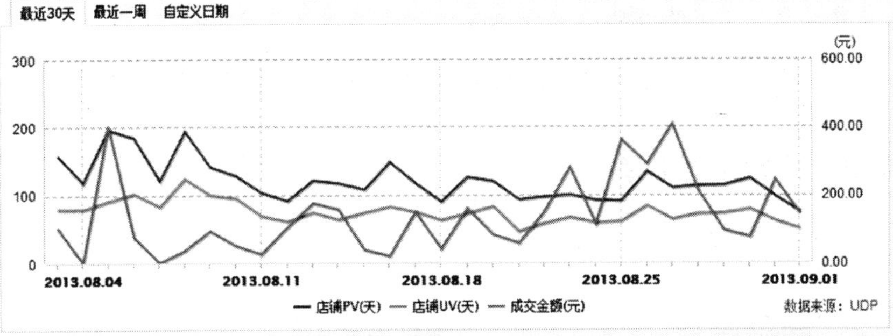

	店铺浏览量（PV）	店铺访问数（UV）	成交金额（元）	成交件数	店铺成交转化率
昨日	75	50	143.84	6	8.00%
近一周日均	110	69	210.09	9	6.40%
近30天日均	121	75	148.13	8	3.87%

图 7－6　店铺 8 月访问数据

7.4.2 店铺部分交易数据及访问数据

店铺部分交易数据及访问数据如图 7－7 所示。

店铺数据　　评价

交易数据　访问数据　　卖家必看数据

	成交笔数	成交金额	成交用户数	成交转化率	退款订单量
昨日	11	289.90	7	8.33%	0
前日	9	245.00	4	6.45%	0
上周同期	5	143.84	4	8.00%	1

更多店铺数据>

数据魔方　量子恒道

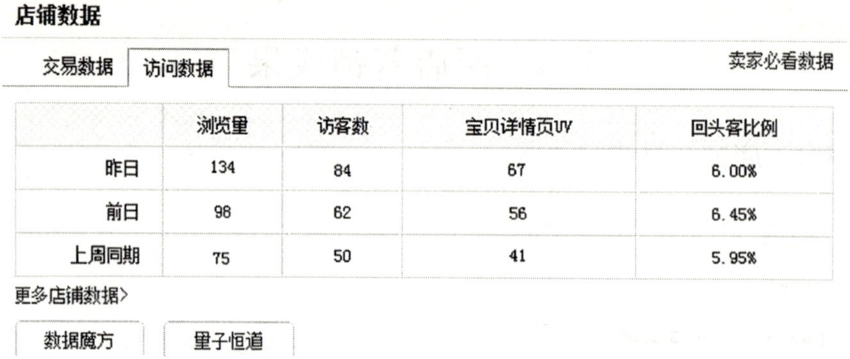

店铺数据

交易数据　访问数据　　卖家必看数据

	浏览量	访客数	宝贝详情页UV	回头客比例
昨日	134	84	67	6.00%
前日	98	62	56	6.45%
上周同期	75	50	41	5.95%

更多店铺数据>

数据魔方　量子恒道

图7-7　店铺部分交易数据及访问数据

7.4.3　访客来源数据

访客来源数据如图7-8所示。

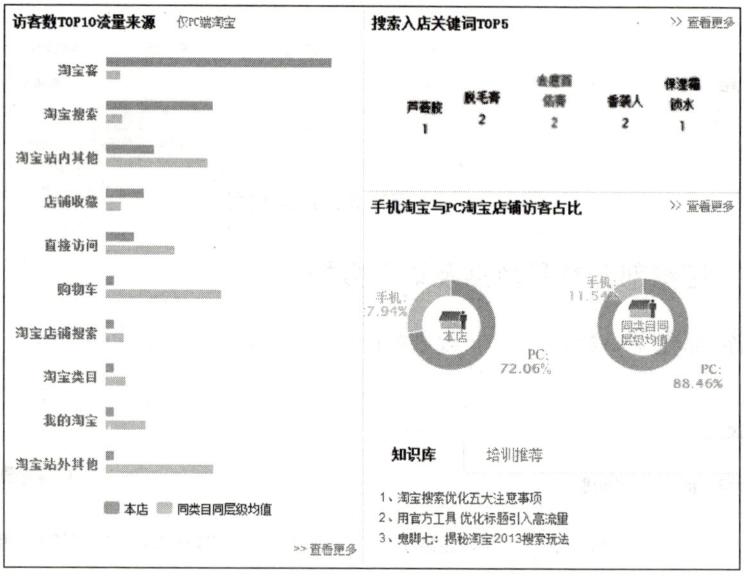

图7-8　访客来源数据

7.4.4　新老客户成交数据

新老客户成交数据如图7-9所示。

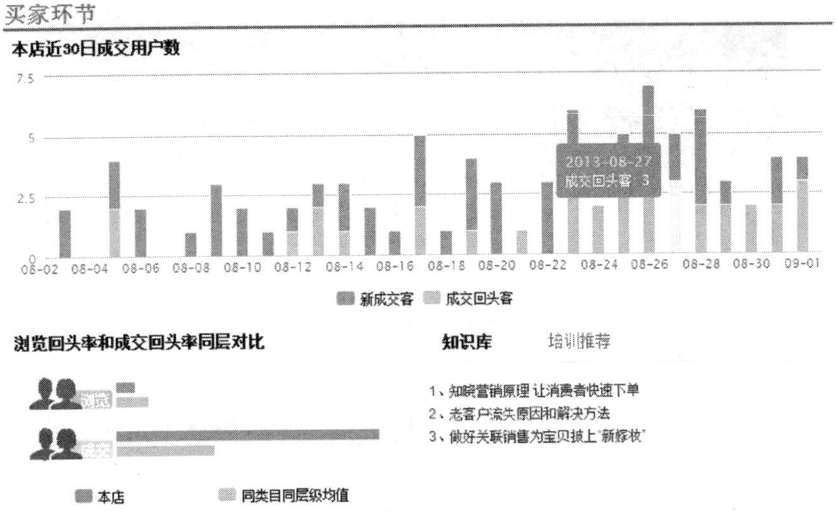

图 7－9　新老客户成交数据

7.5　盈 利 模 式

我们的盈利模式是建立在帮助花语者卖出产品的情况下，扣除企业盈利和产品成本后获得的盈利模式。基本的分成标准是各占三分之一，即企业盈利、产品成本、代运营盈利各占三分之一(参见图 7－10)。

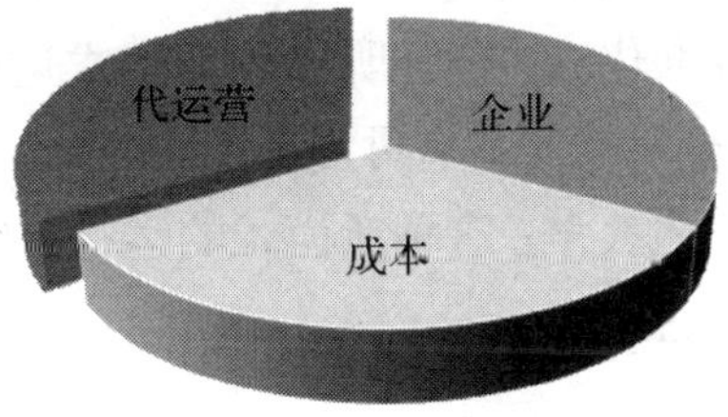

图 7－10　代运营盈利模式

7.6　未 来 蓝 图

未来，本代运营团队将从以下几个方面拓展业务(参见图 7－11)。

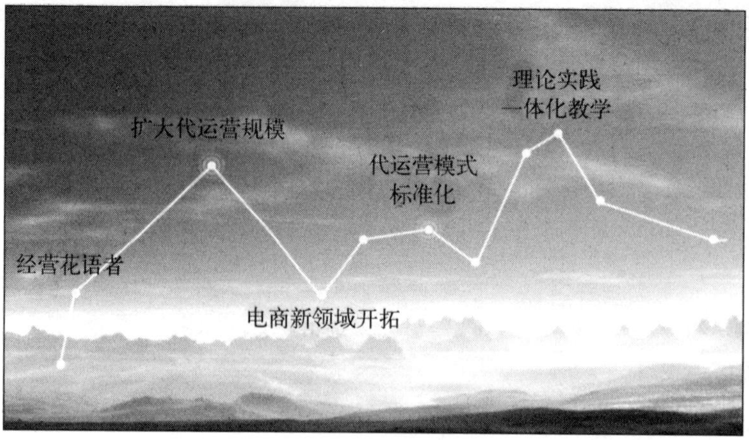

图7-11　未来蓝图

(1) 经营花语者：目前为止我们只代运营了花语者一个品牌，在网络营销方面刚刚起步，我们接下来的计划是在抓住老用户的同时把产品带向更多的新消费者。

(2) 扩大代运营规模：我们对花语者的代运营已经成功地证明了这种模式的可行性，由此吸引到了几家小企业同我们商榷代运营的相关事宜。我们将会进一步扩大我们的代运营规模。

(3) 电商新领域开拓：在实践的过程中我们发现"淘客"特别适合在校大学生进行实践甚至创业。今后我们将重点发展在校学生"淘客"团队，让这一团队成为电商推广领域的新势力。

(4) 代运营模式标准化：实践证明这种新模式是可行的，我们会将这种代运营模式标准化，让这种模式具有可复制性。

(5) 理论实践一体化教学：这种新模式的运行，使学校的理论实践一体化教学得到了充分的验证。

7.7　总　　结

校企合作，双方共赢，创造代运营和中小型民营企业的网络营销新模式是我们的努力和实践，我们将继续坚定不移地代运营下去，探求更好的、更符合中小型民营企业的网络营销新模式。

指导老师点评

随着网络购物的高速发展，网购已经成为人们生活中的重要组成部分，无论是C2C，还是B2C的网店都开始更多地重视网店中的各个环节，一个好的网店需要专业团队的管理。正因如此，十八岁的天空小组发现了这一巨大的市场需求：为网店提供不同于传统代运营的服务支持，为迫切需要开网店的中小型民营企业提供具有特色的网店代运营服务。为此，电商代运营的校企合作新模式应运而生。旨在利用学校电子商务专业优势、大量空闲专业学生资源优势、专业老师指导优势等为网店提供特色的代运营服务。校企合作新模式很好地填补了传统代运营的弱势，在市场中有着强有力的竞争力。

本次策划案主要环绕着实际操作进行书写。学生们本着通过实践得到的经验，不断完善这一模式的运行体系，扩大同行业竞争力。同时本着简单、明了、易懂的原则完成了整个策划案。

在完成的过程中可以看到学生们的努力及丰富的创造力。

《探究电商代运营的校企合作新模式》中最大的亮点在于学生们准确地找到了中小型民营企业的需求，中小型民营企业对专业的电子商务团队的迫切渴望是大家有目共睹的，但因高额的费用、团队人才难寻望而却步。因此一种适合他们的电商代运营正是他们的迫切需求，《探究电商代运营的校企合作新模式》正是如此。

通过此次比赛，学生们的想法得到了充分的发挥，展现了学生拥有的丰富创造力、竞争力及分析市场的能力。为自己的未来就业、创业得到一个更清晰的认识。

本次比赛本着“创新、创意、创业”的三创原则，让学生们认识到任何一种想法都要通过实际实践去检验，也让同学们积极地投入到社会中去，增强了学生们的思维、培养了创新能力、提高了社会竞争力。此类比赛能让学生更好地学以致用。

8　微点移动应用

参赛团队：上海理工大学 微点移动团队

参赛队员：穆振兴　张鑫　兰帅　高壹鹏　覃柯檟

指导老师：赵庚升

获奖情况：第六届全国大学生创新创业年会一等奖、第三届上海大学生创新活动论坛一等奖、上海市大学生网络商务创新应用大赛一等奖

关键词：Hybrid APP　微信 API 接口数据对接　O2O 推广

8.1　项目概要

8.1.1　项目背景

智能手机的普及使得移动终端成为众多企业争夺新市场、实现创收的"爆破点"，但对中小企业而言，成本高、缺技术、周期长、难推广等问题让部分企业在面对一个新兴市场时不知所措。微点移动应用(www. v－dian. com)从降低企业进入移动电子商务门槛、提高移动电子商务运营效率两个市场需求点出发，通过智能 Hybrid APP 自助开通、微信 API 接口数据对接、高效精准的 O2O 推广模式，帮助企业客户轻轻松松打造手机终端品牌运营。

微点移动应用专注于 O2O 移动电商解决方案，从降低企业进入成本和提高推广运营效率两点出发，为具有线下实体店的企业客户提供标准化的 O2O 移动电子商务平台。

通过微点平台企业可以将其线下的产品服务通过广告、促销、团购等形式展示到手机终端，用户通过二维码扫描，手机下单支付即可轻松完成购物流程。同时我们打通了微信 API 接口，企业可以通过绑定的微信公共账号对

用户进行发放电子会员卡和电子优惠券、开展促销小游戏、高质量的内容推送等基于 LBS 的精准营销。微点解决方案中加入社会化媒体、数据统计分析、客户关系管理等应用让企业更好地掌握客户数据，增加用户黏度以及反复购买率，更轻松地打造手机终端品牌。

图 8 显示了微点 O2O 移动电商运作思路。

图 8　微点 O2O 移动电商运作思路

8.1.2　商业模式

正如前文所说，通过微点平台，企业可以将其线下的产品服务通过广告、促销、团购等形式展示到手机终端，用户通过二维码扫描，手机下单支付即可轻松完成购物流程。同时我们打通了微信 API 接口，企业可以通过绑定的微信公共账号对用户进行发放电子会员卡和电子优惠券、开展促销小游戏、高质量的内容推送等基于 LBS 的精准营销。微点解决方案中加入社会化媒体、数据统计分析、客户关系管理等应用让企业更好地掌握客户数据，增加用户黏度以及反复购买率，更轻松地打造手机终端品牌。

微点移动应用主要通过以下两种途径盈利：

平台租赁使用：对 VIP 用户收取平台使用服务费，分月付和半年付两种形式。

增值服务：对部分有系统个性化定制、营销外包、技术支持、咨询培训等需求的用户提供增值服务。

8.1.3 项目优势

产品优势：微点使用 Hybrid 技术框架，HTML5 作为前端，能兼容适应安卓、IOS、平板等几乎所有终端，无需下载升级、操作简单、维护方便、用户体验好。

市场优势：市场需求大，竞争对手少，微点有明显的先入优势；团队起初的 IT 外包业务积累了一定的用户数据，短期内有促进再次购买的基础。

团队优势：核心技术骨干曾在搜狐、中软等 IT 公司担任技术总监，项目开发运营经验丰富，有迅速的市场响应回馈。

8.1.4 创新理念

微点使用 Hybrid 技术框架，HTML5 作为前端，能兼容适应安卓、IOS、平板等几乎所有终端，无需下载升级、操作简单维护方便、用户体验高。

打通了微信 API 接口，企业可以通过绑定的微信公共账号给用户进行发放电子会员卡和电子优惠券、开展促销小游戏、高质量的内容推送等基于 LBS 的精准营销。

通过微点平台企业可以将其线下的产品服务通过广告、促销、团购等形式展示到手机终端，用户通过二维码扫描，手机下单支付即可轻松完成购物流程。

微点解决方案中加入社会化媒体、数据统计分析、客户关系管理等应用让企业更好地掌握客户数据，增加用户黏度以及重复购买率，更轻松地打造手机终端品牌。

高效精准的 O2O 推广模式。

8.1.5 产品计划

自助系统(2 个月：2013.3—2013.5)

需求描述：让用户更轻松进入移动互联网(微点将开发 15 个行业的通用功能模板,用户只需注册账号,选择功能模块,5 分钟即可拥有一个漂亮的 APP 站点,还可以 DIY 喜欢的展现风格)。

电商系统(1 个月：2013.5—2013.6)

需求描述：让用户更轻松进入移动电子商务(微点提供移动购物解决方案,用户只需更新产品信息,绑定手机支付和在线客服,即可进行移动终端的电子商务)。

微信接口(1 个月：2013.6—20.13.7)

需求描述：帮助用户解决流量入口难题(微点将对微信开放 API 进行二次开发,用户只需在后台绑定公共账号,即可使用现成的电子会员卡、电子优惠券、自定义菜单、促销小游戏等,并通过微信公共账号与潜在客户进行推送互动)。

8.2 产品服务

8.2.1 产品行业价值

一方面,移动互联网时代的迅猛发展使得企业展开移动化营销势在必行,另一方面,微信火爆流行并全方位地与电子商务“五流”进行融合,还有一方面是中小企业进入移动电子商务困难重重挑战不断,在这样的市场环境下,微点提出独特的解决方案：打造中国最大的智能 Hybrid APP 自助服务平台,通过自助开通并和微信公共账号实现数据对接的形式,帮助企业更轻松打造终端品牌!

微点的解决方案可以创造以下行业价值：

低成本：企业或者个人可以低成本甚至免费获得一个手机 APP 站点；

省人力：企业不需要太多专业开发运营人员,可以通过平台流程化管理傻瓜式操作,简单便捷；

效率高：整个过程花费时间少,用户只要注册账号,挑选功能模块,前后只需要 5 分钟时间；

易推广：基于 LBS 定位技术、微信数据接口、二维码扫描等技术,多种智能促销互动方式,实现精准营销和 O2O 品牌运营。

综合地说,微点要突破性地解决以下两大问题：

通过智能 Hybrid APP 自助服务的形式降低企业进入移动电子商务的门槛；

让传统企业通过移动互联网快速占领手机终端市场打响品牌。

8.2.2 服务内容与价格

表 8－1 显示了微点平台服务内容与价格。

表 8－1 服务内容与价格

	版本级别	试用版	大众版	标准版	高级版
模块	产品价格 主要功能	限制 (7天免费试用)	280/月 1 380/半年	480/月 2 680/半年	980/月 5 680/半月
机网站	模板数量	1套	3套	5套	不限
	域名绑定	限制	✓	✓	✓
	网盘空间	10 M	50 M	100 M	200 M
	内容系统	✓	✓	✓	✓
	展示系统	✓	✓	✓	✓
	商城系统	限制	限制	✓	✓
	社交系统	限制	限制	✓	✓
	风格 DIY	限制	限制	限制	✓
微信墙	自定义设置	限制	限制	✓	✓
	微信墙模板	1套	2套	3套	5套
	不带版权信息	限制	限制	✓	✓
	信息导出保存	限制	限制	✓	✓
推送	推送半径	限制	限制	1—5 km	1—10 km
	打招呼次数	限制	400次/天	1 000次/天	2 000次/天
	投放账号数量	限制	2个	5个	10个
交互菜单	菜单模板	✓	✓	✓	✓
	菜单层级	两级菜单	不限	不限	不限
	交互菜单关键词	100个	500个	1 000个	2 000个
	菜单使用统计	限制	✓	✓	✓

续 表

	版本级别	试用版	大众版	标准版	高级版
模块	产品价格 主要功能	限制 (7天免费试用)	280/月 1 380/半年	480/月 2 680/半年	980/月 5 680/半月
内容编辑	微信内容编辑	✓	✓	✓	✓
	定时群发	限制	✓	✓	✓
	信息分组推送	限制	每日 200 人	每日 5 000 人	每日 5 000 人
	定制信息推送	限制	每日 100 人	每日 200 人	每日 400 人
开业优惠券	优惠券模板	1 款	2 款	3 款	5 款
	优惠券编号	限制	✓	✓	✓
	优惠券使用记录	限制	✓	✓	✓
	优惠券订制	限制	限制	限制	✓
	优惠券领取统计	限制	限制	✓	✓
	优惠券使用统计	限制	✓	✓	✓
微信互动	抽奖活动	限制	限制	限制	✓
	互动统计	限制	限制	限制	✓
	互动推荐	限制	✓	✓	✓
	互动游戏	限制	限制	限制	✓
	活动统计	限制	✓	✓	✓
会员卡功能	会员卡发卡管理	限制	✓	✓	✓
	会员卡信息编辑	限制	✓	✓	✓
	会员卡特权编辑	限制	限制	限制	✓
	会员卡级别分类	限制	限制	限制	✓
	会员卡积分管理	限制	限制	限制	✓
	会员卡登记系统	限制	✓	✓	✓
	会员卡统计	限制	✓	✓	✓
数据统计	用户统计	限制	✓	✓	✓
	咨询统计	限制	✓	✓	✓
	用户分类	限制	✓	✓	✓
	咨询关键词统计	限制	✓	✓	✓

8.2.3 产品竞争分析

表8-2显示了本项目相似产品竞争情况。

表8-2 产品竞争分析

	微点移动应用	百度 Site APP	365微服务
技术框架	Hybrid APP	Web APP	Web
功能实现	商务+营销	优化排名	终端营销
应用领域	移动电商	信息阅读	微信营销
目标客户	传统品牌	网站站长	客户不限
用户体验	体验最好	体验较好	体验一般
盈利模式	平台+定制	目前免费	按照次数
团队实力	创业团队	实力强大	实力强大
客户基础	数据较少	数据丰富	数据一般
市场需求	需求最大	需求一般	需求较大

目前,国内"Hybrid APP 自助+微信 API"模式尚未成型,微点较早地迈出了第一步,平台使用 Hybrid APP 技术框架,保证了良好的体验,同时更侧重微信营销功能,帮助用户吸引和留住更多的客户。由于业务模式的不一样,和国内的几家相类似的公司严格上来说不是正面竞争,而是相互补充,可以强强联合互相合作。

另外,通过微点企业或者个人可以低成本甚至免费获得一个手机 APP 站点,降低了成本;企业不需要太多专业开发运营人员,这些可以通过平台流程化、管理傻瓜式操作,简单便捷,从而节省了人力;整个过程花费时间少,用户只要注册账号,挑选功能模块,前后只需要5分钟时间,提高了效率;产品还基于 LBS 定位技术、微信数据接口、二维码扫描等技术,多种智能促销互动方式,实现精准营销和 O2O 品牌运营,更加容易将产品推广。

8.3 市场营销

8.3.1 目标市场分析

1. *发现觉醒客户*

对中小企业而言,成本高、缺技术、周期长、难推广等问题让部分企业在面对一个新兴市场时不知所措。微点移动应用(www. v－dian. com)从降低企业进入移动电子商务门槛、提高移动电子商务运营效率两个市场需求点出发,通过智能 Hybrid APP 自助开通、微信 API 接口数据对接、高效精准的 O2O 推广模式,帮助企业客户轻轻松松打造手机终端品牌运营。

截至 2012 年 12 月底, 49. 9%中小企业建立了独立的企业网站或者在电子商务平台上建立了网店,这些企业已经知道互联网或移动互联网营销重要性,而对于大多传统行业,"移动互联网"、"微信"还是一个十分新鲜的概念,如果把这些客户作为第一目标的话,势必会提高教育客户的时间成本,拖长市场推广周期。

因此,微点的第一批目标客户是: 已觉醒的客户(即已经知道互联网或移动互联网营销重要性的客户)。这些客户一般聚集在像阿里巴巴、慧聪网、58 同城、百度等大型网站上面,这些客户的信息比较容易搜集获取。

而已经拥有微信公共账号的客户,可以说是我们直接精准的客户,这些客户的资料可以从微信公号导航类型的网站上面找到。

2. 品牌客户

面对新鲜事物,中小企业都不愿意花钱第一个做尝试,但品牌客户不一样,他们对移动互联网是有战略上的规划和财务上的预算,他们愿意花钱投入到移动互联网,往往要求也比较高。微点发展新客户的战略是: 在已觉醒的客户中寻找品牌客户! 这样,一方面可以通过品牌客户的高要求来不断完善产品,同时也为向传统企业客户推广产品积累信誉度。

8. 3. 2 营销组合

1. 4P 组合

(1) P1 产品。微点移动应用(www. v－dian. com)从降低企业进入移动电子商务门槛、提高移动电子商务运营效率两个市场需求点出发,通过智能 Hybrid APP 自助开通、微信 API 接口数据对接、高效精准的 O2O 推广模式,帮助企业客户轻轻松松打造手机终端品牌运营。

(2) P2 价格。平台租赁使用: 对 VIP 用户收取平台使用服务费,分月付、半年付两种形式。

(3) 增值服务。对部分用户有系统个性化定制、营销外包、技术支持、咨询培训等需求而提供的增值服务。

(4) P3 渠道。微点的第一批目标客户是: 已觉醒的客户。这些客户的信息比较容易搜集获取。而已经拥有微信公共账号的客户,可以说是我们直接精准的客户,这些客户的资料可以从微信公共账号导航类型的网站上面找到。

(5) P4 促销。通过网站 SEO 优化排名,百度竞价广告投放,SNS 信息展示覆盖,邮箱 QQ 群信息推送进行线上促销推广。

(6) 通过呼叫中心销售系统,直接客户拜访邀约,微信墙直播活动,行业会议营销进行线下促销推广。

2. 4C 组合

(1) C1 客户

微点的第一批目标客户客户是:已觉醒的客户。这些客户一般聚集在像阿里巴巴、慧聪网、58同城、百度等大型网站上面,这些客户的信息比较容易搜集获取。

而已经拥有微信公共账号的客户,可以说是我们直接精准的客户,这些客户的资料可以从微信公共账号导航类型的网站上面找到。

(2) C2 成本

手机网民的迅速增长,使得成千上万的企业纷纷争夺移动互联网市场,手机 APP 变得炙手可热,仅仅 2012 年,移动应用下载量就超过 300 亿次。

然而手机用户每周使用的 APP 应用数大概只有 15 个,据 Locolytics 的研究表明,22%的手机应用是“见光死”,用过一次之后就束之高阁了,近 60%的手机应用沉没海底,成为无人问津的应用“垃圾”。

能够让手机 APP 成为主流应用的,一般是实力雄厚的大型网站或公司。对于中小企业,拥有一个个性的手机 APP 并抢占移动互联网的市场,谈何容易。

(3) C3 便利

通过微点企业或者个人可以低成本甚至免费获得一个手机 APP 站点,降低了成本;企业不需要太多专业开发运营人员,这些可以通过平台流程化、管理傻瓜式操作,简单便捷,从而节省了人力;整个过程花费时间少,用户只要注册账号,挑选功能模块,前后只需要 5 分钟时间,提高了效率。

产品还基于 LBS 定位技术、微信数据接口、二维码扫描等技术,多种智能促销互动方式,实现精准营销和 O2O 品牌运营,更加容易将产品推广。

(4) C4 交流

微信公共账号管理。开通、编写介绍、关注人群细化数据分析、自动识别分类回复等一体化服务。

自动应答菜单功能的实现与管理。展示客户产品服务，一旦用户快速精准定位自己需求，从而迅捷回复、智能化标准回复。同时增加粉丝用户行为特征分析，便于企业优化菜单。

人工互动客户服务。人机配合实现互动客户服务，人工规范回答和自行随即响应。系统无法自动回答的关键问题，自动转入人工服务。

微信客户关系管理系统(CRM)。通过用户行为、咨询内容、关键词等信息分析与数据沉淀发掘，有针对地对企业微活动、服务内容、服务话述做出调整。

以上基本保证了客户服务的全天候，以便解决用户遇到的问题，提高客户满意度。

8.3.3 营销计划

有关营销计划参见表8-3。

表8-3 营销计划

(6—8月)：线上推广	(8—10月)：线下推广	(10—12月)：合作推广
网站SEO优化排名 百度竞价广告投放 SNS信息展示覆盖 邮箱QQ群信息推送	呼叫中心销售系统 直接客户拜访邀约 微信墙直播活动 行业会议营销	全国代理站点铺设 战略合作计划实施 广告联盟渠道投放 媒体报道合作

8.4 财务分析

主要财务假设：

(1) 公司的主营业务收入是在没有吸引外来投资的情况下做出的预测，是最保守的估算，由此可知在吸引投资的情况下主营业务收入会有大幅度提高。

(2) 公司经有关部门认定为高新技术企业，税法规定：经认证的新版软件企业等自获利年度起，企业所得税实行“两免三减半”。

(3) 机器设备使用寿命为10年，期末残值为2万元，按直线折旧法计算。

(4) 公司自获利年度起的第二年开始以净利润的50%分红。

(5) 提取法定盈余公积金10%，根据股东大会决议提取任意盈余公积金，暂定5%。

表8-4 资产负债表

第一年资产负债表(万元)

资　　产	金　额	负债及股东权益	金　额
流动资产：货币资金	300	流动负债：短期借款	0
短期投资	0	应付票据	20
应收票据	8.7	应付账款	10
应收账款	10	预收账款	0
减：坏账准备	3.3	其他应付款	1
应收账款净额	13.7	应付工资	17
预付账款	0	应付福利费	16
应收补贴款	0	未交税金	0
其他应收款	20	未付股利	213
存货	350	其他未交款	0
待摊费用	3.6	预提费用	0
待处理流动资产净损失	0	一年内到期的长期负债	0
一年内到期的长期债券投资	0	其他流动负债	0
其他流动资产	2	流动负债合计	276
流动资产合计	542.6	长期负债：长期借款	—
长期投资：长期投资	0	应付债券	0
固定资产：固定资产原价	35	长期应付款	0
减：累计折旧	1.4	其他长期负债	0
固定资产净值	33.6	其中：住房	0
固定资产清理	0	周转金	0
在建工程	0	长期负债合计	0
待处理固定资产净损失		递延税项：递延税款贷项	0
	0	负债合计	276
固定资产合计	35	所有者权益：实收资本	250

续 表

资　　产	金 额	负债及股东权益	金 额
无形及递延资产：无形资产	10	资本公积	—
递延资产	—	盈余公积	64
无形及递延资产合计	—	其中：公益金	
其他资产：其他长期资产	0	未分配利润	149.3
递延税项：递延税款借项	0	股东权益合计	463.3
		负债及所有者权益总计：	739.3
资产总计：	739.3		

指导老师点评

该项目开发的平台是一款专注于O2O的移动电商解决方案，从降低企业进入成本和提高推广运营效率两点出发，为具有线下实体店的企业客户提供标准化的O2O移动电子商务平台。通过微点平台企业可以将其线下的产品服务通过广告、促销、团购等形式展示到手机终端，用户通过二维码扫描、手机下单支付即可轻松完成购物流程。同时他们打通了微信API接口，企业可以通过绑定的微信公共账号给用户进行发放电子会员卡和电子优惠券、开展促销小游戏、高质量的内容推送等基于LBS的精准营销。微点解决方案中加入社会化媒体、数据统计分析、客户关系管理等应用让企业更好地掌握客户数据，增加用户黏度以及重复购买率，更轻松地打造手机终端品牌。

在项目开发过程中，学生们的思路天马行空，提出了很多很好的想法。但我们本着“追求核心，做小不做大”的原则教育学生抓住项目的重点，提醒学生明确自己的核心业务，围绕自身项目的核心业务运作，将其他的好的点子作为补充或者后续发展，不要给人一种“什么都想做，什么钱都想赚”的印象。明确项目的核心业务后，学生们在系统的设计与开发过程中得到了校外电子企业的大力支持。此外，我们还强调策划书要简明扼要，重点突出，整个策划书要逻辑分明有序，我们还鼓励学生进行市场调研来获得行业相关数据。该项目具有较强的创新性与实践性，积累大学生创新基金的经验，项目团队已经注册公司，产品现已经正式上线运营。该项目现已获得上海市大学生科技创业基金和中国青年创业国际计划资助。

本项目创新点主要有四个：

(1) 产品标准化：微点针对餐饮、旅游、酒店、超市等行业不同需求特点，给每个行业开发出标准化产品，企业用户只需要注册账号，在后台选择相应的行业，用户 5 分钟即可拥有一个酷炫的移动版微商城，省去大量的时间成本和人力开发成本；

(2) 立体化解决方案：企业拥有微点平台后，可将 APP 站点首页或者产品页面自动生成二维码，用户扫描二维码即可浏览产品页面以及其他用户的消费评价，若对产品有兴趣可以通过手机支付下单，企业可以通过系统后台处理订单，分析挖掘用户数据，和用户互动等；

(3) 移动终端精准营销突破：通过 LBS 定位技术可以快速锁定实体店附近用户，通过微信加粉互动传达产品服务价值，通过电子会员卡领取、消费积分兑换，牢牢抓住用户需求，不断提高重复购买率；

(4) 用新技术适应未来发展：Native APP 由于开发成本高、推广难、维护不方便，用户需要下载安装和升级等因素，慢慢被市场弱化，微点使用 Web APP 技术框架，HTML5 和 CS3 作为前端，能兼容适应安卓、IOS、平板等几乎所有终端，无需下载升级、操作简单、维护方便、用户体验高；绑定微信、手机支付、店铺地图等，5 分钟就可轻松解决。

我认为项目的最大收获是通过这个项目使学生们自己的想法得到了更好的表达和具象化，充分发挥了自己团队的合作能力、竞争能力、创造能力以及市场挖掘能力。此外，在整个项目的开发中，他们的创业计划书撰写能力得到了很大的提升，对创业有了一个更加清晰的认识，思考能力也有很大的进步。

9　基于O2O模式下的逛街导购平台——兜兜看

参赛团队：上海第二工业大学 兜兜看团队
参赛队员：张国良　朱嘉艺　袁鑫宇　严　慧
指导老师：潘海兰　蒋文蓉
获奖情况：上海市大学生网络商务创新应用大赛二等奖
关键词：导购 O2O 模式　APP

9.1　项 目 概 要

9.1.1　项目背景

针对市场：如今我们正处于网络信息时代，网上资讯受到越来越多的关注，然而基于移动端实现“实体店线上商品展示——用户线下体验购买”的模式并没有形成规模甚至没有先例，所以说在市场上，这样一种新型购物模式很有前景。

针对商家：如今很多中小型实体店没有足够的精力去网上推广自家的商品，急需一个方便的平台为其推广宣传，使其最新商品资讯早日被消费者发现，吸引新老顾客；其次由于门面租金的问题，局限于店面太小，店内无法展示所有商品，而网上推广则可以减轻门面压力，及时帮助卖家将囤积的商品做好推广，解决库存压力。

针对买家：在快节奏的时代，很多人尤其是上班族，都在为没有足够的时间去逛街挑选心仪的商品而苦恼，而琳琅满目的商品又让人失去选择方向。我们的APP将线下各大商圈的商品及折扣信息进行展示，让消费者更有目的性,更快捷地确定选择。

9.1.2 项目简介

"兜兜看"是主打上海女性用户的生活服务平台,针对女性爱逛街的特点,以APP为切入方式,时尚资讯和商圈折扣为引导内容,提供商户优惠折扣信息为主体,创建线下商户的用户商品导购和指引的实用助手为目标的O2O项目。

9.1.3 创新与特色

如果"美丽说模式"指的是:女性(最富有用户)+导购(最天然的导购)+分享(最好的经验) +淘宝(最肥的市场)+微博(最火的应用)=美丽说模式

那我们项目的模式是:女性+本土化+导购+分享+社会化媒体营销+O2O=兜兜看

创新点:传统互联网模式分为C2C,B2C等,而近几年流行的O2O带来了新的方向。在这一领域中,我们发现女性逛街与在线网购这两种方式可以做有机地整合,当用户在线浏览商品后再去线下实体购物,不但促进了线下商品的成交,也带动了网上消费人群转移到线下消费的可能。因此我们试图结合资源摸索出一套解决女性逛街需求的模式。

特色点:由于O2O模式的特殊性,决定了我们的目标只能是本土化、小众化的群体。因此,我们主要将面向上海城区内,女性线下逛街的区域。我们通过合作招商,将特色小店,特色商圈,优质品牌店的商品和折扣信息发布到我们的APP、微博与微信。通过用户的自发分享和传播,吸引更多线上用户到线下消费。另外,我们将为带有特定目的和需求的逛街群体,提供更加完善的体验和优惠制度。

9.2 平台的规划与实施

9.2.1 平台的功能

1. 前台

前台的操作者主要是游客和注册用户。前台包括了网站信息的展示、下单、评论、搜索、登录注册、个人中心等功能(如图9-1、图9-2、图9-3所示)。

图9-1 兜兜看界面简介

图9-2 O2O兜兜看线下商品优惠信息

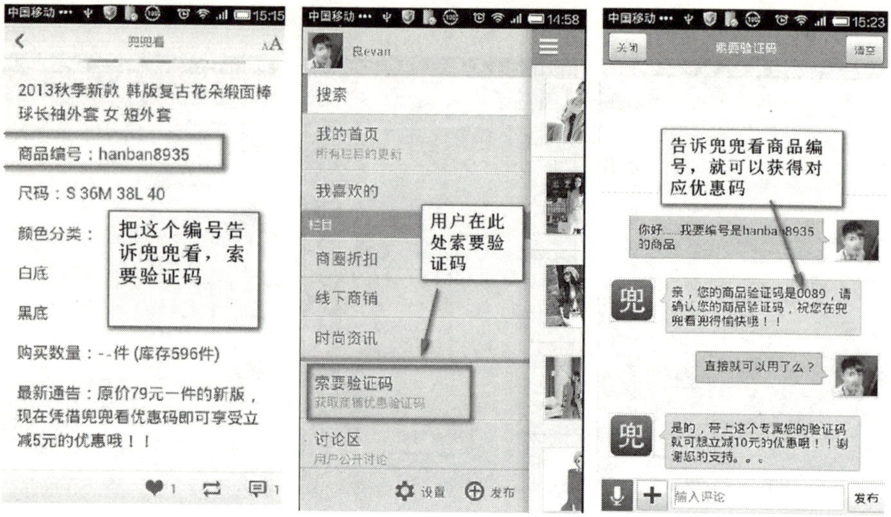

图9-3 获取优惠码过程

2. 主要功能

(1) APP信息展示功能

APP的信息会按照商圈、品牌、折扣、时尚资讯这几个属性进行设置。除了上述几个信息会有描述外，还会显示热销商品、特卖商品、推荐商品、新品上架以及商品的信息、图片、评价、库存、关注度、订购人数。

(2) 下订单

使用者只有在注册登录后才能对商品下订单。在用户提交订单时要选择提交线下拿货的时间段，防止同一用户在同一时间段出现在不同商圈需要拿货的情况，一方面是提醒用户防止出现时间上的冲突，另一方面也是减少一些用户下了很多订单而不去拿货的情况发生。

(3) 评论功能

用户只有在下单后去过实体店才能进行评论，拿货并付款的用户可以对该商品进行评价，而最终没有购买成功(未付款购买)的用户同样可以进行评论，在后台管理中，商家可以对评价进行回复。

(4) 搜索功能

(5) 登录/注册

(6) 个人中心

在个人中心里，用户可以修改自己的个人信息，查看和管理自己的订单。

3. 主要流程

兜兜看主要流程如图9-4、图9-5所示。

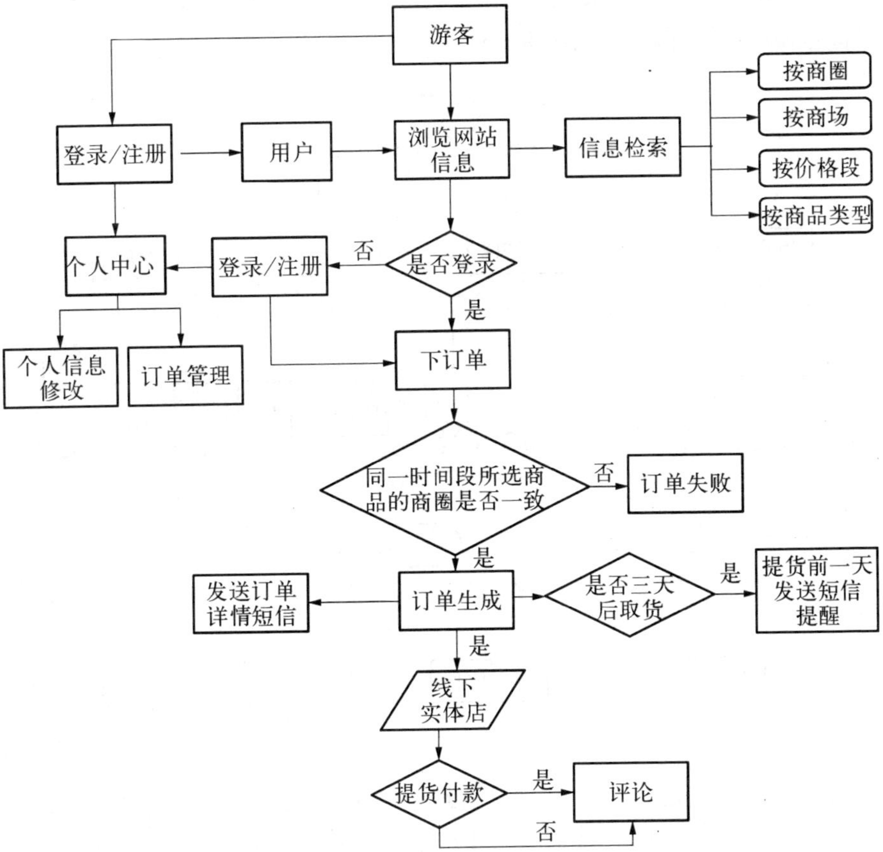

图9-4 前台功能结构图

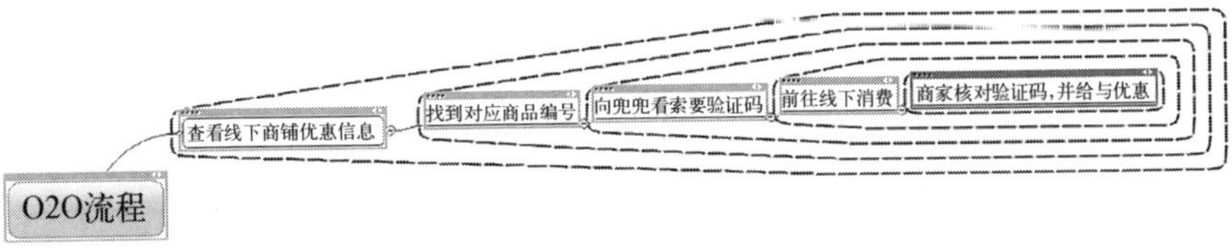

图9-5 O2O主要流程

4. 后台

后台的操作者主要是管理员和商家,出于安全性的考虑我们会对商家进行操作权限的设置,保证平台和数据的安全。管理员和商家都必须在后台登录后才能进行操作，下面具体说明。

管理员：管理员主要是进行四个功能的操作，即用户管理、订单管理、评论管理和商家管理。商家：商家主要进行的操作包括商品管理、商家信息、订单管理和评论管理。（参见图9－6）

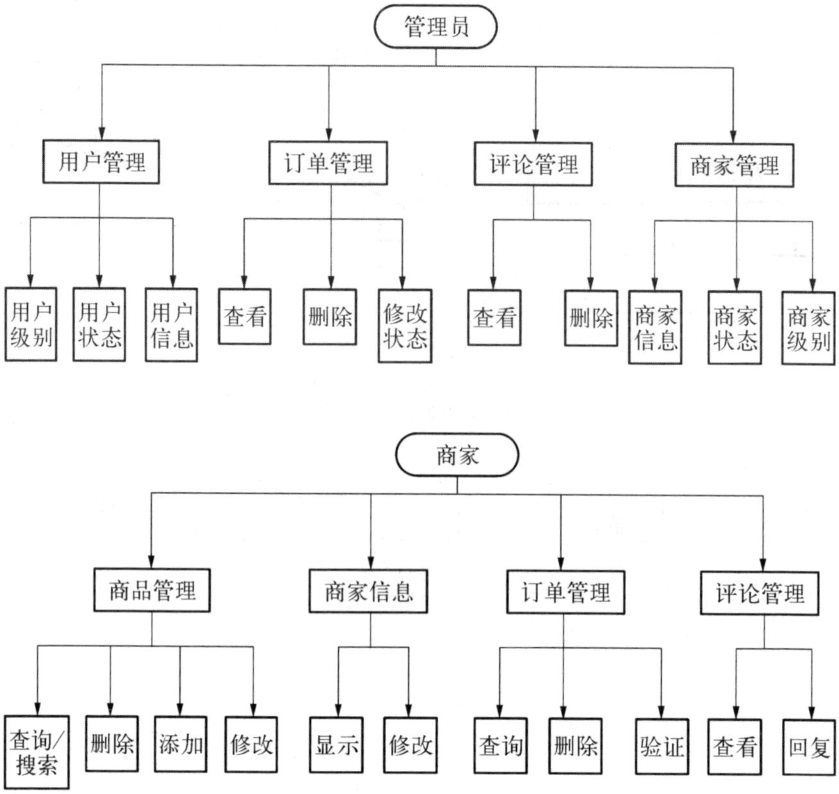

图9－6　后台功能图

9.2.2　数据库结构

数据库这部分在整个系统里是相当关键的，几乎所有的操作都是基于数据库，只有少部分不需要涉及。数据库的设计内容决定系统能实现的功能，所以在设计的时候需要注意。

数据库主要包括了用户、订单、商品、商家、评论等表格。

(1) 用户：用户账号、昵称、密码、手机号、等级；

(2) 订单：订单号、用户账号、货号、提货时间、订单状态；

(3) 商品：货号、商家账号、商品类型、金额；

(4) 商家：商家账号、名称、商圈、商场、密码、等级；

(5) 评论：编号、用户账号、货号、内容、回复。

9.3 市场分析

9.3.1 市场定位

(1) 产品定位：主要通过将线上展示的产品类型定位在特色产品、品牌产品、优惠产品，从3类不同产品出发，发掘和寻找合作商户。

(2) 竞争定位：在竞争对手分析的章节中可知，我们目前所开拓的模式较新，但市场上仍然有多家类似企业，如大众点评网、美丽说、丁丁优惠和街旁网等。我们较其他对手在市场上处于劣势地位，没有高质量的用户群体，也没有较多合作商户，但我们的模式又与其他竞争对手存在差异化，在本土市场仍然有发掘空间。

9.3.2 SWOT分析

1. 优势因素(S)	2. 劣势因素(W)
(1) 实体店消费可以减少商品质量带来的售后问题，对网购买家和商家都有利。 (2) 逛街对大多数人来说是一种享受，但是长时间的逛街会腰酸腿疼，并且，会导致审美疲劳。本项目有助于提高逛街效率。 (3) 通过在线预订，增加线下商品的成交概率，提升线下顾客的用户体验。 (4) 商家可以在APP展示换季商品与压库商品，这样的话就不会占用店面位置，给商家更大的营业空间。 (5) 本地的消费导向，APP上面有上海各个地区的商店情况与其商品信息，还有消费者的评价。用户可以预先在APP上面选择逛街的地区与相应的商铺。 (6) 能为实体店建立更好的客户关系管理，维护老客户和吸引新客户。	(1) 线下运作成本较高，需要合作商户对商品资料进行上传，有较大实施难度。 (2) 我们的APP还在雏形阶段，所以只能做上海本地的，范围相对较小，有一定的局限，不像淘宝等布满全国。 (3) 我们的模式是基于O2O的，但O2O还远远没有在市场打开空间，所以我们需要付出较大的线下招商及线上推广成本。

续 表

3. 机会因素(O)	4. 威胁因素(T)
(1) 网购了衣服、鞋子,发现不合适,换货很麻烦!这是网购的一大缺点。而网店与实体店各有各的优势,在之后的经济中,线上与线下相结合,会是一个非常重要的商业模式。 (2) 通过商业街,可以了解一个城市的发展,而我们的APP起到一个宣传的作用,这对城市与商业街的发展是有益而无害的。 (3) 通过我们的APP,用户可以建立自我分享的社区,这样比传统O2O导购更加具有用户黏性。 (4) 我们立足上海,做本地化的垂直领域。目前互联网中没有可以找到的类似模式,本项目有极大的市场开拓空间。 (5) 本项目是基于O2O+社区分享+导购性质的新模式,新模式或许会避开传统大企业的市场竞争。	(1) 这种商业模式比较新,商家与买家都会存在一定的顾虑。 (2) 其他传统电商和导购网站、社区分享网站的竞争。

9.3.3 风险分析与规避

网络具有虚拟性,买卖双方的信誉度是运营中存在的极大隐患之一。我们需要对在平台上展示商品的店铺做好前期考察工作,挑选信誉度高、质量有保障的商家入驻;再者将传统的网上预订改为网上预约看货,最好规定一定的时间,使双方更具目的性;消费者进行星级评分,采用口口相传的口碑运营,开启商品交流互动区;预约商品一旦发生没有存货的情况,及时通讯提前通知消费者,避免不必要的纠纷。

对商品的信息更新不及时,商品分类不够详尽,对买家心理把握不全面所导致的管理商品上的漏洞;宣传不到家,网站管理更新度不快而没有更多的消费者关注;商家提供的商品信息量大,整理信息花费时间久,对网站的管理存在一定的挑战性。我们需要加大APP的宣传力度,和商家做好协调,管理上更好分工,根据消费者需求量,及时地更新商品。还可以通过及时通讯(如QQ、手机短信、微博通知等手段)将货品信息变化及时通知,弥补技术上的相关不足。通过系统的市场调查分析(在多个社交平台如问卷星、豆瓣、人人、微博等展开调查),掌握第一手市场动态,时刻关注市场导向,做出最及时的平台调整。

9.3.4 可行性分析

1. 技术可行性

项目团队由开发人员,外包服务公司组成一支强有力的技术队伍,为本项目进行移动端应用的开发。

2. 信息流可行性

商家为做到在线上更好地推广自己的店铺,会愿意将自家商铺的商品信息及时地发布给APP后台管理;大部分商家都存在囤货现象,这部分也是很大的信息资源市场,我们可以帮助销货,同时为我们的平台提供足够的信息量;针对实体店已有淘宝小店的商家,商品信息可以实现直接的后台调用。再者买家可以自己在分享社区将自己的购物经验展示,增大商品的信息量。成立线下团队,根据店铺地段、商品类型等及时整合商品信息,使其有条理地显示给买家。

9.4 市场营销

9.4.1 推广与运营

1. 推广方法

三大主要方法:微博、微信、豆瓣等社交媒体;手机APP;网站。

(1) 利用搜索引擎推广,搜索关键字;

(2) 利用网络平台推广,如:微博、人人等,利用网络人气号召力进行推广;

(3) 利用手机APP进行推广;

(4) 利用网站的社交分享平台,加入社交元素推广;

(5) 鉴于平台特色小众本土化,朋友间进行口碑营销,相互推荐达到推广效果;

(6) 利用数据挖掘,精准化地确定用户,引导到线下消费;

(7) 培养社区ugc环境,建立可持续化环境。

2. 推广方案

(1) 分析自身与竞争对手的网络营销现状;

(2) 列出潜在客户群体;

(3) 选择网络推广方法及策略;

(4) 明确每一阶段目标;

(5) 平台搭建分工；

(6) 财务分析；

(7) 效果评估监测。

3. 运营方案

线上：通过网站社区、移动应用、微博、微信，建立社区分享+导购+O2O的三位一体的新模式。

兜兜看新浪微博(参见图9-7，http://weibo.com/u/3560453963)。

图9-7 兜兜看新浪微博

秉着更好地服务用户和扩大用户群体的目的，我们创建了兜兜看的微信公共账号平台(参见图9-8)。

图9-8 兜兜看微信公共账号

兜兜看手机应用(参见图 9－9,http://www.cutt.com/app/down/238828)

图 9－9　兜兜看手机应用

线下：组织线下团队实地考察,挑选出合适的商家入驻我们的平台;商家将信息发布给平台的后台;后台根据商家的店铺位置以及商品的种类进行系统的整理,发布筛选后的商品信息;后期将平台上商家买家的信息进行一定的整合评估,评出星级用户。

9.4.2　战略发展规划

1. 前期目标

产品线布局,APP 上线,快速凝聚粉丝和用户,占据客户端优势。生成以时尚资讯、优惠折扣为主的女性购物指引服务。不定期地进行线下招商合作事宜,主要针对的商铺类型为个体服饰品类。并在 APP 端进行相应优惠商品的投放。

2. 中期目标

对已经凝聚的用户群体进行合理数据统计和分析;有针对性地投放广告业务;进一步加强线下商铺招商合作事宜;进一步拓展商铺类型;针对女性服饰、鞋包、化妆品等类目进行合作招商。

9.5 盈利模式

9.5.1 合作商户佣金

表9 合作商户佣金收取三个阶段

前期	所有商户入驻免收手续费	商户对单笔成交结果支付佣金，佣金大致约为每笔成功交易的1%—3%
中期	普通商户入驻免收手续费，品牌连锁入驻收取一次性手续费500元人民币	商户对单笔成交结果支付佣金，佣金大致约为每笔成功交易的1%—3%
后期	普通商户入驻免收手续费，品牌连锁入驻收取一次性手续费500元人民币	商户对单笔成交结果支付佣金，佣金大致约为每笔成功交易的3%—5%

9.5.2 上游精准投放广告费

我方向知名广告联盟申请广告合作，供应优质广告位，按标准对广告主进行收费。

9.6 总结

经过本次项目的规划和实施，我们的团队从毫无经验到熟悉产品规划、线下招商、会员管理、网络营销等多方面进行有效的探索，并且取得了一定的成绩。这是我们整个团队最大的收获，在最后也感谢整个项目中对我们团队起到帮助作用的各位老师和同学们!

指导老师点评

近年来互联网发生了巨大变化，团购模式率先洗礼传统行业，让大部分传统产业体验到互联网的营销概念和操作模式的变化，而O2O电子商务模式是在电子商务模式大环境下的又一个新兴的模式，特别是在最近的两年里，已经逐渐被传统行业接受。但是越来越多的中小企业面对O2O电子商务模式的利弊仍无法做出判断，所以仍持观望态度。

正因如此，本项目从消费者角度出发，综合考虑企业现状和态度，结合市场现状，通过与互联网相关产品结合的特征，在实际的互联网产品中去探讨和实践。该项目团队成员通过调研，建立了APP预约平台，实践了O2O模式下的女性生活服务平台，而这样的应用在目前的电子商务应用中已经基本成熟，这说明学生们选题的正确性。

项目策划书整体设计合理，并且将有关设计转化为实际的运作网站。但网站的推广和运作还需要进一步深化。

10 途途——旅游社交平台

参赛团队：上海第二工业大学 Big Bang 团队

参赛队员：赵云峰　华　旎　袁一帆　李　婕　吴金成

指导老师：杨敬辉　黄玉庆

获奖情况：上海市大学生网络商务创新应用大赛二等奖、全国大学生网络商务创新应用大赛三等奖

关键词：旅游　IOSLBS　移动电商　交友

10.1 概　　要

你还在为旅途感到孤独寂寞吗？你还在为旅途过程中碰到的困难手足无措吗？你想在旅途中分享自己的快乐吗？

随着中国经济的快速发展，旅游已经成为一个热门行业。同时随着移动互联网的迅速崛起，手机变成了人们日常生活中必不可少的一部分，手机软件的使用也越来越普及，所有的变化使得国内传统的旅游消费习惯不断改变。对于旅游用户来说，手机应用则成为他们随时随地与外界联系并获得需要信息的重要载体。

目前国内外已经开发出的旅游 APP 大致可以分为两类：一类是旅游前的票务预订和行程规划；另一类则是旅游后的行程分享。我们发现很少有人关注旅游过程中的用户心得交流和体验，以及用户旅途过程中疑难问题的解决等。

为了满足用户对旅游社交、旅途问题解决等多方面的需求，我们小组决定推出基于 IOS 平台的旅游社交软件——途途。

10.2 创新理念

10.2.1 专属旅游者的社交平台

目前各类社交软件层出不穷,但是没有一款是为旅游者专门设计的,他们没有属于自己的网络旅游社交圈,也很难在短时间内找到和自己有相同旅游爱好的朋友,所以我们大胆地提出专门为旅游者设计一款旅游社交软件,为他们提供寻找相同爱好朋友的平台,在这里每一位用户都能体验到旅游的乐趣,分享旅游的快乐。同时,我们也努力为用户的旅途提供全方位的服务。

10.2.2 独特的 LBS 服务

我们坚持一切都是为了用户的原则,特别增加了多种基于 LBS 的特色服务,比如基于位置的问答服务、基于位置的旅游邀约服务、基于位置的签到优惠服务等。

10.2.3 签到优惠

旅游地的餐馆、酒店、娱乐场所等可以在途途上注册认证空间,经审核通过后,可以在空间里发布签到优惠信息。我们会将这些信息推送给旅游用户,只要他们在空间里签到并且评价就会享受一定的优惠。当然我们也会根据餐馆、酒店和娱乐场所的客户评价对各个地方进行评估,制定一个排行榜,尽可能满足用户所要了解的信息需求,力求确保每一位用户都能乘兴而去,尽兴而归,这也是我们这款软件开发的初衷。

10.3 市场分析

10.3.1 竞争分析

移动互联网时代到来之后,各大旅游网站都开始布局移动市场。早在2009 年,去哪儿网就成立了无线部门,开发移动终端市场,到目前共有 5 个APP,包括“去哪儿旅行”、“去哪儿精品酒店”、“去哪儿旅图”、“去哪儿酒店”、

"去哪儿兜行"。紧随其后，携程旅行网、艺龙旅行网、淘宝旅行网也纷纷推出了自己的APP客户端。途牛网到目前为止已推出了4款手机APP，分别为消费者提供不同的旅游服务。其中，"途牛旅游"和"途牛旅游HD"让旅途行程、订单信息、会员资料尽在"掌"握之中；"图牛"则以即时图片分享为主，侧重社交；"特价门票"类似于酒店APP，是以预定为主。几乎各大旅游网站都根据网站特色和消费者需求，推出了各具特色的APP客户端。

经过我们的调查，各旅游软件用户使用量的数据如下：

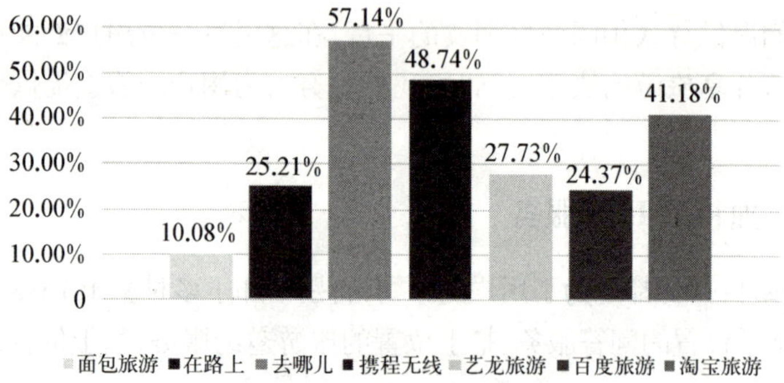

图10-1　各软件用户使用量

各大知名旅游网站已开发完成大部分的在线旅游功能且抢占市场，获得消费者的青睐和知名度，我们的竞争压力也更大了。消费者无疑会选择知名网站而不是默默无闻刚推出的APP软件。

为了克服这些困难，我们不仅要在技术上争取与知名APP客户端并驾齐驱，更重要的是创新，即在功能上挖掘出新的商机才是我们目前最重要的任务。通过不断对旅游爱好者进行调研采访，分析当前市场上已有的在线旅游APP软件存在的不足，取长补短，打造出一款独具特色的适合旅游者在旅途过程中使用的，集旅游社交、旅游资讯于一体的APP软件。

除了创新，要在强大的竞争中脱颖而出还需要不断加大宣传，如与知名的搜索引擎百度、知名旅游社交平台等合作发布信息，扩大知名度。

10.3.2　目标客户

通过对500人的问卷调查进行分析，我们得出以下结论：我们的软件主要针对大学生和中老年人，这类人群时间充裕，物质支持上较为自由，易成为使用我们软件的主要目标人群(参见图10-2、图10-3)。

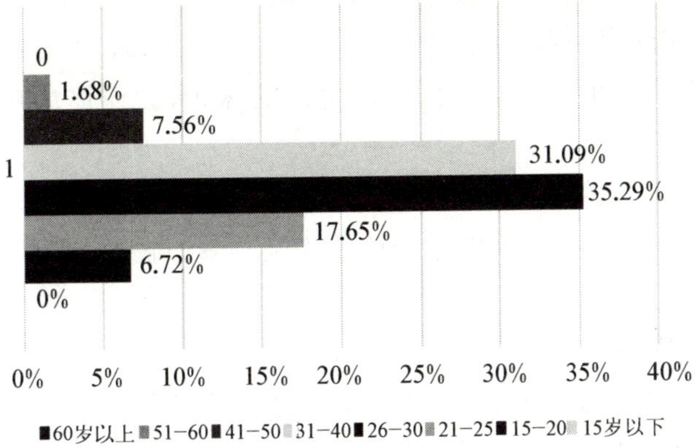

图 10-2 受调查人群的年龄分布

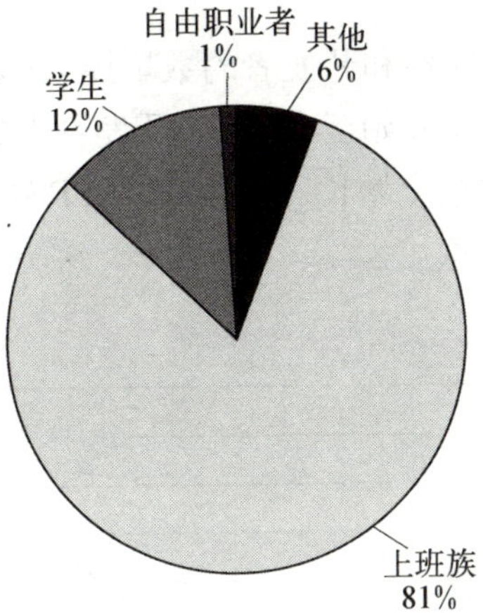

图 10-3 受调查人群的职业分布

10.3.3 SWOT 分析

1. 优势(Strengths)

目前我国在线旅游主要有 3 种模式：一是提供酒店、机票、度假等预订服务以收取佣金的 OTA 模式，国内以携程、艺龙为代表；二是以去哪儿、酷讯为代表的旅游垂直搜索；三是旅游点评模式，以马蜂窝、穷游网等为代表。而较少关注到在旅途过程中的社交、服务等，我们的产品是一款专为旅游用户设计的互动交流平台。用户不仅可以在旅游前认识有相同爱好的朋友，也可以在旅游中发现周边旅游的人，大家可以分享交流旅游的乐趣，甚至可以进行旅游邀约，认识新的伙伴，让旅途不再孤单无趣，当然旅游邀约的前提是我们将提供一个安全的平台，通过实名制注册来实现，这样让用户的个人信息得到更加全面的保护，让途途用户可以放心地去邀约。

同时我们充分挖掘了位置服务的优势，增加了多种基于LBS的特色服务，例如基于位置的问答服务，基于位置的旅游邀约服务，基于位置的签到优惠服务等。

2. 劣势(Weaknesses)

作为一款全新的在线旅游软件，我们的主要劣势是知名度低，与国内一线二线的旅游网站推出的客户端相比，我们的知名度远不如他们，由于知名度不够高，用户对我们软件的了解也不充分，基于安全性的考虑，用户可能会对我们软件产生质疑。

同时，现如今APP软件和开发者的数量庞大(如图10-4、图10-5所示)。数据显示从2011年开始至今，APP开发者人数猛增，三大手机平台的APP数量也是以惊人的速度增长，要在众多APP软件中脱颖而出也是一个十分值得我们深思的问题。

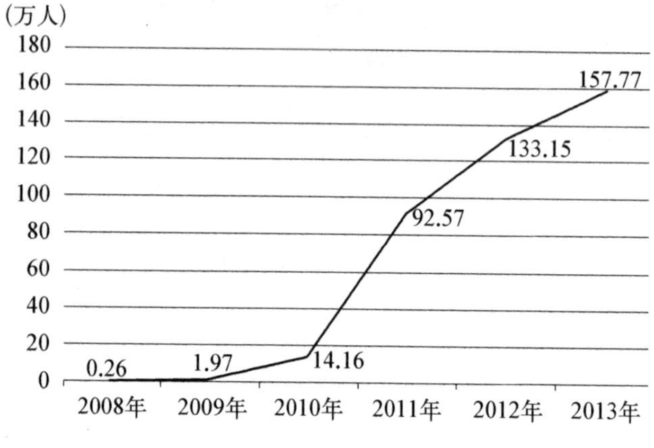

图10-4　APP开发人数(万人)

3. 机会(Opportunities)

随着手机硬件技术的快速提升，智能操作系统(iOS、Android、WP等)日趋成熟，手机早已不再是单纯的通信工具，其可实现的功能已几乎可与电脑媲美。凭借手机良好的便携性，用户使用重心正快速从电脑向手机转移，并且手机已经不仅仅是针对部分社会群体，而是面向大众化，大家的生活全然

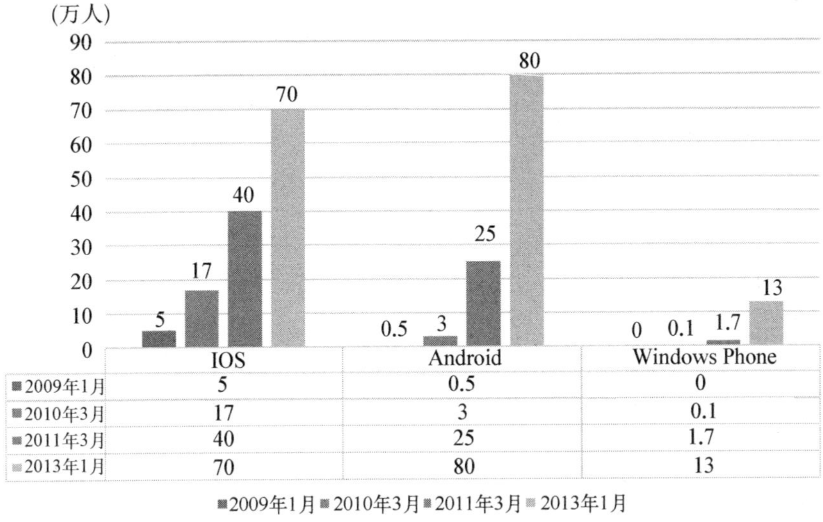

图 10-5　三大智能手机 APP 数量(万个)

离不开手机,对手机的需求和要求也逐渐提高,APP 软件开发在现在市场上的发展空间很大(参见图 10-6)。

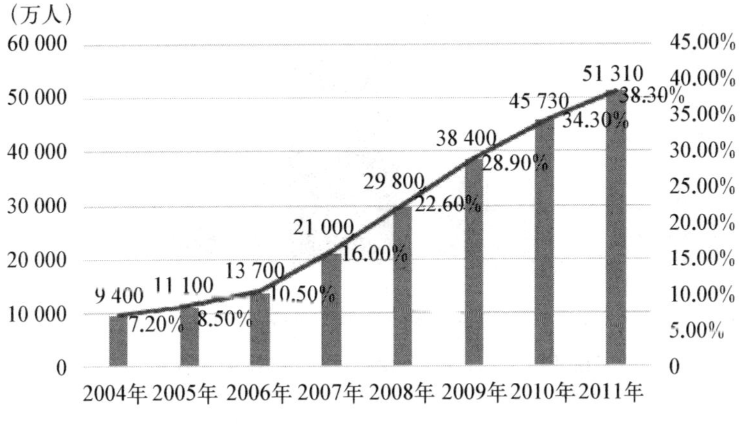

图 10-6　手机网民数(万人)及占网民比例

据统计数据显示,2010 年我国在线旅游市场交易规模占整体旅游交易规模的比例为 7.2%,达到 1 037.4 亿元,同比增长 58%,呈高速增长的态势。随着在线旅游市场的快速发展,预计 2014 年该比例将增长至 20.4%。2009 年中国在线旅游渗透率从 11%增至 14%,2010 年继续增长。2013 年第一季度中国在线旅游市场交易规模达 452.7 亿元,同比增长 28.7%,市场潜力巨大。

整个中国的旅游行业正在快速增长,在线旅游市场的增速更是高于平均水平。在旅游行业的不断发展过程中,消费者的出游需求更多样化,消费方式更加灵活。在线旅游行业中,多家企业各自有着不同的发展方向,因此能较好地满足消费者的需求。而移动终端的 APP 效率将远远高于传统线上业务,基于移动终端用户体验的创新,将成为下一阶段在线旅游业竞争的重要部分。

4. **威胁**(Threats)

有别于以往传统软件的线下安装,APP 软件几乎全部通过在线形式完成下载和安装。在线传播方便用户使用 APP 的同时,也为 APP 运营者和开发者在保护软件著作权方面带来了巨大的挑战。

在当前 APP 市场中,充斥着遭第三方修改后的 APP。盗版 APP 的情况在 Android 平台尤为严重;苹果 iOS 由于其封闭性和 App Store 的支持(不考虑用户对其设备的“越狱”操作),盗版 APP 相对较少;Windows Phone 尚处于发展时期,其用户量和 APP 生态链还未完全形成,因此鲜见盗版 APP,但盗版率呈上升趋势还是不容忽视的(参见图 10-7)。

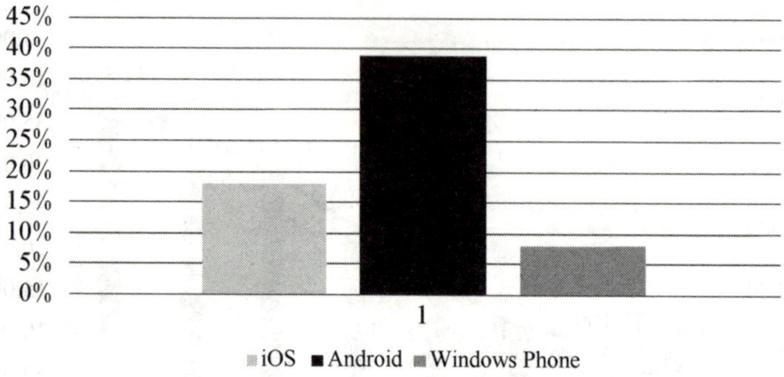

图 10-7 三大智能手机平台盗版 APP 比例

10.4 商业模式

我们学习并坚定地选择了这个分析的方法,称为商业画布分析方法。亚历山大·奥斯特瓦德与伊夫·皮尼厄博士一起设计的“实用型商业模式设计方法”早已悄然广泛应用于各个行业的公司,其中包括了 3M、爱立信(Ericsson)、凯捷(Capgemini)、德勤(Deloitte)、特力诺(Telenor)这样的老牌知名公司。

一个组织的商业模式由九个基本的构造块构成,途途的商业模式也是一样,有客户细分、价值主张、渠道通路、客户关系、收入来源、核心资源、关键业务、重要伙伴和成本结构。但商业模式远远不是简单罗列这九个构造块,而是通过这九个模块帮助开发、讨论、设计和运作新的商业模式。下面将简明扼要地说明我们的这九个构造块。

10.4.1 客户细分

客户就是为我们创造价值的群体,鉴于我们平台面向的对象是旅游者,我们将客户群按年龄段与消费力的差别,分为白领人群、大学生人群、中老年人群,其中广大的大学生和中老年人群将会作为我们的主要客户。

10.4.2 价值主张

即通过我们的服务为用户所创造的价值。一是“方便快捷”,我们希望通过位置问答,使旅游者快速解决旅游中遇到的问题。二是“快速找到旅途伴侣”,通过我们的平台,我们希望旅游的人们在旅途中不再孤独,能认识更多的朋友。三是“签到优惠”,我们全心全意为用户着想,用户只需在我商户认证空间签到就能享受到优惠服务。

10.4.3 渠道通路

如何将价值主张传给我们的用户,并让他们理解并接受这些价值主张,这是我们开发这个平台的终极目标。为了达成这项目标,我们需要许多的宣传渠道,除了传统的平面及网页广告、网络搜索和网络社交外,我们还将采用病毒视频这种新形式让客户了解我们的产品。

10.4.4 客户关系

我们与用户是互动的,用户的要求就是我们的目标。我们会快速解决用户在旅途中遇到的各种问题,同时倾听用户的建议不断改善我们的服务,一切为用户着想。

10.4.5 核心资源

鉴于我们的移动平台是基于 iOS、安卓以及 Windows Phone 上运行的,所以我们会针对不同的平台开发各自相适应的程序。同时，各个广告商也是我们的重要资源。当然，开发及运营主体的人才依然是我们最核心的资源。

10.4.6 关键业务

目前没有专属旅游爱好者的社交软件，他们很难很快地找到和自己兴趣相投的人，并且在旅游前和旅途中他们会遇到各种各样的问题，有时候旅途也显得很孤单，而途途不但很好地为旅游用户提供社交服务，还会提供位置问答、旅游邀约、签到优惠等服务，让旅游更加无忧无虑，充满快乐！

10.4.7 重要伙伴

我们的合作伙伴一部分为旅游景点周边的包括餐饮、住宿、娱乐场所等，我们会给用户精准推送广告，为这些场所带来客户，另外，这些商户可以在途途上发布签到优惠信息来吸引客户；我们另一部分的合作伙伴是新浪微博和腾讯微博，我们会从他们的数据库中获取相应数据，为我们的用户提供问答服务，这样既使得微博平台上的用户更加活跃，也增加了我们的用户，大家互利共赢。

10.4.8 成本结构

我们软件的开发成本主要包括：硬件设备、人工费用、广告费用等。

由于软件的功能需要，我们主要关注的是后台开发和服务支持，初期我们预计的用户数为1万左右，所以服务器暂购两台，随着软件影响力和使用人数的增加，服务器的数量也会增加，广告费用也会适当调整。我们初期的资产投入估算如图10－8所示。

成本类型	费用（元）	备注
服务器	¥50,000	主服务器
服务器	¥50,000	工作机房
机柜	¥4,000	
UPS	¥6,000	不断电
交换机	¥10,000	
人工费用	¥180,000	
广告费用	¥200,000	
总计	¥500,000	

图10－8 初期资产投放表

10.4.9 收入来源

我们对未来几年的利润进行了初步的估算,初期的设备和技术支持等所占的成本比例较高,同时由于软件刚推出知名度不高、使用量不大、客户数量较少可能导致亏损,但后期随着软件逐渐进入市场、知名度提高,会慢慢带来收益。初期我们收入的主要来源是广告收入以及签到提成。

当进入稳定期后,广告费用支出会降低,而人员支出主要增加在客服部与技术部,以此应对平台的维护和使用者的来电。而随着日后服务项目的增加人员配置也会相应增加。

初期我们的资金来源主要是:

(1) 和风险投资公司合作吸引投资商投入资金 50 万元;

(2) 申请大学生创业基金 10 万元。

10.5 服务及其特色

途途是一款特别为旅游用户设计的旅游社交软件,它集成了途说、日志、相册、位置等多项功能,让用户更加方便地随时与好友自由沟通。途途具有以下服务与特色。

10.5.1 专属旅游者的交友平台

途途是一款专属旅游者的互动交流平台。用户不仅可以在旅游前通过途途认识有相同爱好的朋友,也可以在旅游中发现周边旅游的人们,大家可以通过途途交流分享旅游的乐趣。

10.5.2 基于位置的问答服务(LBS)

我们运用 GPS 的 LBS (Location Based Service) 功能将用户定位,用户可以选择某个地点提问,位于被提问点位置的在线用户会收到推送,他们可以回答问题,回答问题的人会获得一定的途币奖励。为了用户尽快获得自己满意的答案,途途还会通过与新浪微博和腾讯微博合作,当用户提出一个问题后,我们就从这些平台数据库中抓取那些拥有跟用户提问中关键词标签一样的人,将这些人提问的相关度做排序,取出其中最相关的若干个人,以@的方式向他们推送问题,被@的人可以转发、评论,或者彼此认识。

10.5.3 签到优惠

目前大多数社交软件都有签到功能,但是用户最多只能获得一些虚拟的奖励,随着使用时间的增加,使用签到功能的人越来越少。而途途为了让用户在旅途中享受更多的优惠,我们决定和餐厅、娱乐场所、酒店等沟通,当用户在上述场所签到评价,途途会自动生成一次性优惠券,用户可以凭券享受一定的优惠。同时餐厅、娱乐场所和酒店也可以得到宣传推广,一举两得。

10.5.4 旅游邀约

已进行实名制注册的用户在旅游前可以通过发布旅游邀约组团旅游,让旅游者不再孤单。

10.5.5 属于自己的旅游空间

用户可以在途途上创建属于自己的旅游空间,可以发表途说,分享自己的旅游心情,也可以写旅游日志来分享自己的旅游经历,还可以上传照片分享旅游的快乐瞬间。用户可以随拍随记随传,途途会以时间轴的方式呈现不一样的旅游经过。

10.5.6 排行榜

我们会根据商店、酒店及其他娱乐场所的硬件设施完善程度、人员服务态度、交通便捷程度、用户数量、用户反馈情况等方面逐项进行评估,制定一个排行榜,尽可能满足用户所要了解的信息需求。我们希望即使用户没有去过某个地方,也可以通过我们提供的信息对该地有一定的了解,从而做出正确的预定选择,力求确保每一位用户都能乘兴而去,尽兴而归。

另外,旅游达人还可以在我们的旅游达人排行榜上炫出自己的旅游照片以及旅游途说和日志,我们会根据人气制作一个排行榜。

10.5.7 AirDrop 分享

在途途中集合了 iOS7 全新的 AirDrop 后,途途可以通过这一极佳的功能来让旅行者与其他同行者分享详细的旅游行程信息,而且他们无需退出 APP 来实现上述操作。如果苹果设备用户的联系人也安装了 iOS 7 系统,那他/她的 AirDrop 界面将自动显示该用户的信息;如果用户所在位置附近有其他使用 iOS 7 系统的苹果用户,那前者就可以选择在后者的 AirDrop 界面显示其信息。

10.5.8 语音助理

途途结合了时下最流行、最方便的语音搜索系统。用户只需对手机说出想要搜索的问题,系统便会自动识别语音并跳转到相应页面。

10.6 市场营销策划

10.6.1 营销目标

目前,随着人们的生活越来越富裕,越来越多的人开始追求业余生活的品位化,许多人选择了外出旅游。但是,国内的 APP 软件更多的是关注旅游前的票务预订和行程规划,以及旅游后的行程日志和照片分享,而很少关注用户旅途过程中的用户心得交流和用户体验。推出这个 APP 程序的目标便是为这些想要在旅途中结识更多朋友的人们提供一个更好的平台,快速满足用户对旅游社交、旅游资讯等多方面的需求,在其他企业进入到这一领域之前,迅速打开市场,提高知名度,最终达到程序品牌化,让人们想要旅游就可以找到本平台。

1. 第一阶段(1 年):创业期

本阶段属于创业期,目的不在于盈利,而在于如何快速抢占市场。尤其是在其他大型企业可能模仿之前,迅速提高知名度,尽量把途途品牌与旅游联系在一起,使得大家一想到旅游就能想到我们。本程序在创业期还处在一个摸索阶段,除了提高品牌的知名度外,程序的运营模式也要在这一阶段慢慢进行调整,以便达到一个最佳的模式,不仅要降低成本,还要不断吸收用户的意见,更新程序,增加程序友好度,以便可以提高顾客满意度。

2. 第二阶段(2—3 年):扩张期

在这一时期,通过前一年的积累,我们将有了一定的用户基础和品牌效应,在与旅游地商铺餐馆等的谈判中我们将处于平等的地位。这时我们将向旅游地商铺餐馆等收取一定的费用,以便达到一定的盈利目的,因为我们的平台已经有了一定的用户群,可以为加盟的旅游地商铺餐馆等带来新的客户和更高的知名度。

3. 第三阶段(4—6年):竞争期

当我们扩张到一定水平时,其他的企业也必定会发现这一领域有利可图,这时会出现很多竞争者。此时我们不仅要适当地降低价格或采取比例收费,更要与旅游地商铺餐馆等积极互动,联合举办或承办一些有趣的比赛,以进一步提高知名度。同时将我们的系统完善,增加更多的创新性的服务。

4. 第四阶段(6年以后):稳定期

到了这一阶段,优胜劣汰之后,市场份额已基本固定。这时我们只需要适当收取广告费用,同时对旅游地商铺餐馆等进行评级,对于优质的旅游地商铺餐馆可以提供免费的服务;而对有差评的场馆则需要进行一些额外的收费。这样既保证了我们平台的优质性,也向旅游地商铺餐馆等提供资讯,便于他们的查漏补缺,提高管理质量。

10.6.2 营销策略

本平台首先以北京为试点。因为北京是一个国际化的大都市,旅游资源丰富,对外开放的旅游景点达200多处,且是唯一入选世界15大购物之都的内地城市,拥有百余家大中型购物商场。北京是中国内地创新能力最强的城市,人们对新鲜事物的接受能力和意愿都很强,因此,我们可以凭借独特的宣传方式让大家更好、更全面地推广我们的APP软件。同时,我们也可以通过与旅游景点的商店、旅馆等的相关合作提高软件的知名度,这样在增加我们软件的下载量的同时为商家带来顾客流量,达到了互帮互助、互惠互利的效果。

10.6.3 宣传策略

1. 传统宣传方式

与餐厅、商店、酒店、旅游景区等协商,张贴广告,并安排一些促销,比如在传单上附送一包印有我们产品图案和二维码的纸巾或者是小扇子,同时免费或低价为餐厅、商店、酒店和其他娱乐场所在平台上做宣传。

2. 结合电子媒介

利用电子杂志进行宣传。一般这些电子杂志是以手机、电脑等电子设备作为载体,不仅可以投放适用于传统媒体的静态图片和文字的广告,还可以投放动画、音效等广告,加强广告效果。

3. **结合网络的宣传方式**

首先在各大部落格或者论坛上发布信息，提高知名度。同时与各大社交平台进行链接，例如人人网、微博等，可以让用户方便地进行一键分享等动作，把本平台的景区相关资料或者用户体验分享到微博和人人等社交平台上。

4. **友情链接**

通过与同类型高质量的网站进行免费首页链接，达到资源互换增加人气的目的。

5. **连接公益活动、旅游活动**

我们会定期举办一些公益活动和旅游活动。例如，以家庭为单位的旅游活动，有意向的家庭可以在我们的平台上报名参加，让旅游成为家庭健康和增进亲情的活力纽带。另外我们还坚持旅游支持公益事业。

6. **强化品牌的概念**

时刻强调平台的品牌概念，把 APP 程序的品牌和旅游紧密地结合在一起，使人们一想要旅游就会自动地到本平台查询及预订。

10.7 结 束 语

在电子商务产业经历坎坷沉浮，攻坚克难修成正果，确立江湖地位的今天，电子商务产业正以爆发式的增长体现其市场空间与变革的能量。未来，我们的电子商务之路该怎么走？面对激烈竞争，新的商业模式与市场机会在哪里？提供一站式优质服务和社会化电子商务相结合的新模式就是我们的答案，我们就是要借助传统企业发展要求，将电子商务服务产业做大做强，实现双赢。

如今互联网越来越成为现实生活的一种映射，现实和网络的界限将逐渐模糊，人的社会属性将越来越多地通过互联网的方式来展示，我们就是希望通过将用户的社会属性以互联网的方式来传播、推荐商品和服务，并且实现更好的基于互联网的消费。你在互联网上购买到了优质产品，晒到群里与大家一起分享，你的朋友知道了可能会自己去买，也可能会告诉他的朋友，在这个过程中你可能也会认识和你喜好相投的朋友，并且通过这些新认识的朋友，你也可以发现新的你可能会喜欢的商品，这就是电子商务给予我们生活的共同点的串联，通过基于途途应用程序构建旅游社区，以这样的社区关系来促进途途的可持续发展。

创新、创意、创业任重而道远。在今后的发展中,我们将始终坚持为用户提供良好体验的宗旨,不断完善服务与产品,树立良好的品牌形象,把打造快乐旅游的途途努力推向中国市场、世界市场。

指导老师点评

手机上网、手机软件应用已经成为绝大多数手机用户打发碎片时间,获取资讯、信息的主要渠道和日常行为,可以说,手机应用软件市场孕育着无限的市场机会。本小组的同学正是抓住了这一市场商机,设计了基于手机的旅游交友平台。途途是一个特别为旅游用户设计的旅游社交平台,它集成了途说、日志、相册、位置等多项功能,让用户更加方便地随时与好友自由沟通。这一平台从创意开始,直到开发出功能完善的应用程序,团队每个成员都倾注了极大的热情和心血。从市场调研到功能设计、从营利模式到市场推广、从流程设计到程序开发,同学们能够将理论与实践结合、个人特长与团队配合,在不断发现问题,又设法解决问题的过程中,使自己不断地成长。比赛的结果不再重要了,他们在完成比赛的过程中已经获得了胜利。

本项目所涉及的旅游领域比较成熟,已经有了大量的电子商务网站,而手机应用软件也逐渐趋于成熟,所以,本项目还需要进一步挖掘自己的特色。此外,本项目的另一个缺点在于没有实际运作的检验。任何一个电子商务的策划设想都要经过大量的实际检验后才能够成熟。希望途途在后期的推广中能够找到更为成功的方式,拥有更多的下载用户,实现其应用价值,也让团队的每个成员实现自身的价值。

11　基于 C/S 模式的儿童安全网

参赛团队：上海第二工业大学　超梦组合

参赛队员：吴世益　陈惠超　张佳豪　王丽媛　杨丽梅

指导老师：潘海兰　刘敏

获奖情况：上海市大学生网络商务创新应用大赛二等奖

关键词：儿童安全　C/S 模式　定位器 RFID

11.1　项 目 概 要

创意来源

社会上拐卖和欺诈儿童的现象比较严重。案例如：被告人李中梅，女，汉族，1969 年 3 月 6 日出生，农民。2007 年 10 月至 2009 年初，安廷早、谢长府、孟凡成、马印秀、孟令民、阚中琴（均已判刑）在山西省忻州市、山东省临沂市等地分别结伙拐卖 13 名儿童。被告人李中梅已生育两名女孩，得知安廷早系拐卖儿童的人贩子，遂请求其帮忙购买男婴“收养”。2008 年 1 月，经安廷早联系，李中梅随安廷早去山西省忻州市，收买被拐卖的男婴一名，李中梅向安廷早支付 36 000 元。2008 年 10 月，经李中梅介绍，王新芝（同案被告人，已判刑）从安廷早、谢长府处收买一名被拐卖的男婴。可见，儿童的安全问题不容忽视。

随着儿童数量的增加国家鼓励幼儿园的建立。中国网 8 月 9 日讯：国务院近日印发中国儿童发展纲要（2011—2020 年），纲要提出了未来十年的儿童教育发展目标，包括基本普及学前教育、普及高中阶段教育等。基本普及学前教育的具体目标包括：学前三年毛入园率达到 70%，学前一年毛入园率达到95%;增加城市公办幼儿园数量,农村每个乡镇建立并办好公办中心幼儿园和村幼儿园。由于社会压力、工作压力,很多父母都选择把自己的孩子从幼龄阶段就托付给托儿所,近些年儿童入幼儿园的数量在逐年增加。大家都知道,这些地方即使有幼儿园老师看管,监控设备再完善,也难免会有漏洞,这类孩子失踪或者受重伤的情况依然时有发生。家长每天忙于工作,还要担心自己孩子的安危,这对家长来说是一种很大的心理压力。

11.2 儿童安全网项目市场描述

11.2.1 项目最终目的

本项目的主要目的是解决社会现存的对儿童安全成长造成危害的问题,减少父母的压力,给儿童安全成长提供一定的保障。

11.2.2 项目第一阶段:小区和附近的一家幼儿园试行

本项目初期选择在自己居住的小区内实施,主要是为了观察小区内父母的接受度,并且找附近一家幼儿园合作,来查看试行结果和项目初次实施的完备性,并改进和完善设施。

11.2.3 项目第二阶段:邻近小区或幼儿园推行

在初步实施的基础上,我们准备通过一定途径征得有关部门同意,将项目在邻近的小区或幼儿园实施,以赢得更多良好口碑,并使该项目可以得到小区或幼儿园服务人员的支持,借此进行推广。

11.2.4 项目第三阶段:其他市、区推行

在前两个阶段顺利实施后,争取和有关部门协商,将项目在其他的市、区推行,逐步扩大市场,最终赢得市场。

11.3 儿童安全网综述

儿童安全网项目是为更好地保护儿童安全而建立的一个网站。

儿童安全网项目由儿童安全网、手机客户端组成，两者相互作用，使父母随时随地可以通过儿童安全网站、手机客户端，更加方便、快捷地查看自己的孩子在幼儿园、小区的实时轨迹，以确保孩子的安全。

11.3.1 儿童安全网项目实施对象

儿童安全网项目主要针对儿童。因为儿童年幼且缺乏自我保护意识，实施范围主要是在幼儿园和生活小区，若后期的推广十分成功，该项目还可以扩大到敬老院等。

11.3.2 儿童安全网项目的社会需求

本项目架构在网络平台上，为每一位家长解决孩子的安全问题提出了的合理方案。在设备上主要采用“布迪”定位器记录孩子的活动轨迹，RFID 技术则向家长发短信提醒孩子活动超过了一定范围，以方便父母及时关注孩子，基本可以解决家长们对孩子安全的担忧。

11.3.3 儿童安全网项目基本组成

1. *网站搭建部分*

儿童安全网是通过在幼儿园、小区部署安全范围，通过射频识别即 RFID (Radio Frequency Identification)技术，来识别儿童是否超过安全范围，从而给家长发出提醒，让儿童的安全更加有保障。

网站主要架构参见图 11－1，主要实现的功能如图 11－2 所示。家长登录注册后，即可在电脑平台上随时看到自己孩子在某个时刻或某个时间段内的活动情况。这个过程同样可以借助手机 APP 软件，相比网上浏览更加方便。

2. *儿童活动场所设施构建*

儿童安全网所谓的安全范围是在一定范围内，部署一定密度的射频识别器，一旦儿童越过安全范围，射频识别器便能接收到来自儿童身上的布迪定位器的无线电信号，从而给家长发送短信提醒，提醒家长们，自己的孩子已经超过了安全范围(参见图 11－3)。

3. *发送装置*

发送装置主要是佩戴在儿童身上的，由两部分组成：第一部分是 RFID 芯片，儿童超出活动范围后，它会立即感应到 RFID 装置发出来的射频信号，并自动给家长的手机终端发送信息，这时家长就可以登录我们的儿童

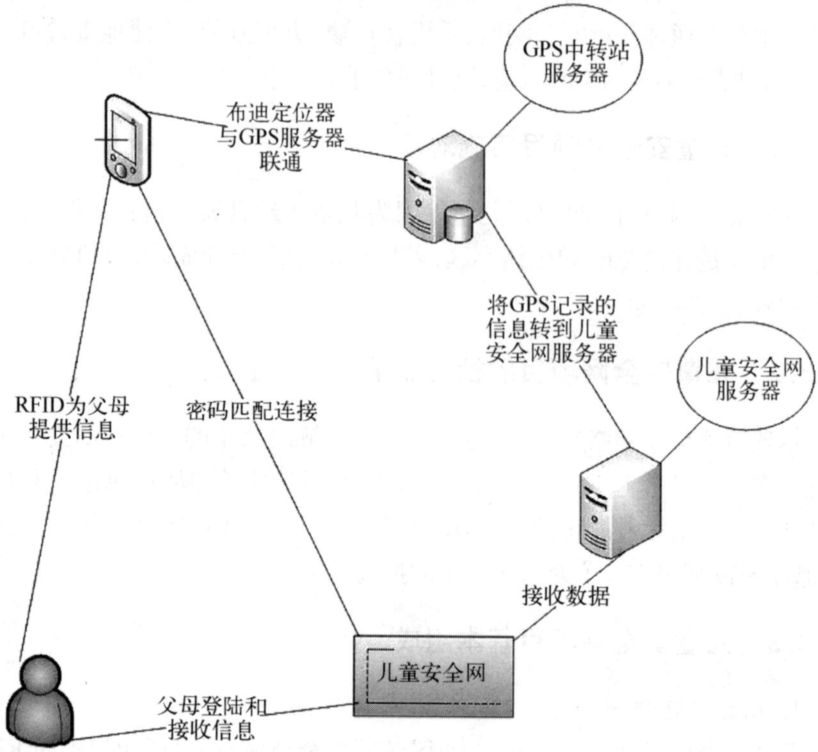

图 11－1　儿童安全网架构图

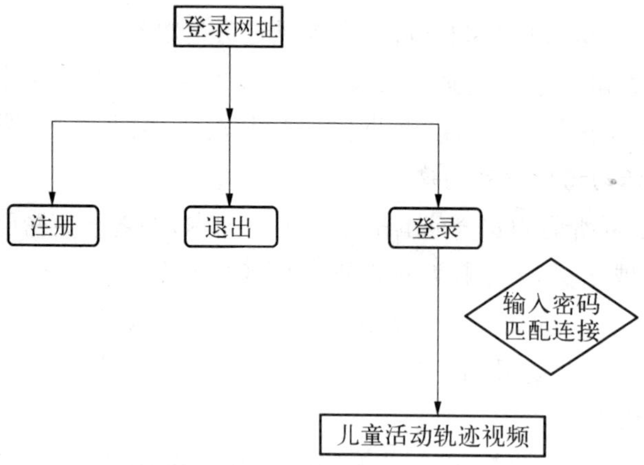

图 11－2　父母登录操作简图

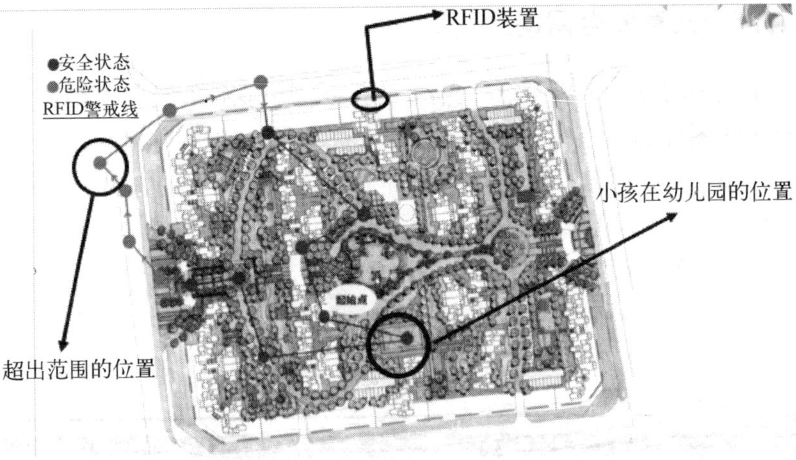

图 11－3 安全范围示意图

安全网,查看孩子的活动范围和活动轨迹,如有需要便可立即给幼儿园老师打电话,以免危险发生;第二部分是由英国一位伟大母亲发明的"布迪"定位器,这种定位器目前已在市场上出售,它通过手机或电脑与全球定位系统相连起来,体积小,轻盈便携,可以把孩子的活动轨迹记录下来发送到接受终端,以便父母查看孩子这一天的活动轨迹。

4. *项目所涉及的技术*

射频识别即RFID(Radio Frequency Identification)技术,又称无线射频识别,是一种通信技术,可通过无线电讯号识别特定目标并读写相关数据,而无需识别系统与特定目标之间建立机械或光学接触。

布迪定位器是一款高精确度的定位器(参见图11－4)。

图 11－4 布迪定位器

11.3.4 手机客户端

手机客户端是儿童安全网项目的载体。父母可以登录手机客户端,随时查看自己儿童的行动轨迹。

11.3.5 儿童安全网网站

本网站的设计比较简单，是在一些常规网站设计的基础上添加与儿童节日有关的图片、文字描述、视频资料等信息，主要突出网站自身的特点，安全、操作简单、方便，可以让父母容易看懂和使用。下面是有关儿童活动区域的视频虚拟图片(参见图11－5)。我们还在网站中插入了儿童图片查看器，这些图片是由幼儿园老师或者专业人员拍摄的，我们把图片储存起来以方便父母在闲暇时间来看看，记住儿童的笑脸，同时可以为父母收藏孩子的童年影像。

图11－5 儿童活动区域的视频虚拟图片

11.4 市场营销

11.4.1 市场竞争分析

1. 市场现有竞争对手

市场上尚未出现这种类似儿童安全网项目的商业模式，因此可以推断现阶段在该市场没有竞争对手。

2. 与监视器对比的优势

与监控器相比，本项目更人性化，且监控器视频一般只有内部工作人员才可以看到，父母也不希望自己孩子的行踪被监视，而这个项目计划的实施保护了儿童的隐私,可以获得大多数家长的青睐。

3. 创新性

本项目具有创新性,针对当前比较热门的话题,采用独特密码匹配方式,可以让家长实时了解自己孩子的活动轨迹,他人是看不到的,完全保护了孩子的隐私问题,解决了上班父母的忧虑,在一定的程度上成功率很大。

11.4.2 市场定位

儿童安全网定位为服务性网站,其客户群体定位为高端小区的用户。

11.5 盈利模式

11.5.1 推广网站,增加注册量

由网站盈利模式可以知道,在一个网站里面注册一个用户都会有相关的费用产生,普通的一个注册可以产生两元左右的费用,我们会利用不同的途径鼓励和吸引父母来注册,增加注册量。针对这一点,“儿童安全网”在注册下会有少许的利润。

11.5.2 低成本,差价回利

根据市场调查,RFID芯片和布迪定位器本身的制造成本不高,我们可以将这两个东西结合起来,做成挂件或手链等适合儿童佩戴的饰品,提供这种设计给制造商,通过和制造商合作来达成共赢,售给父母来获得利润。

11.5.3 服务收费

儿童安全网主要是一种服务性网站,所以想利用这种网站的家庭,必须每月交付一定的服务费。根据市场调查问卷可知,无论家庭的月收入有多少,80%以上的家庭都把50%的日常花费用在孩子身上,所以这种服务收费的措施可行性还是很高的。

11.5.4 竞争分析,盈利将来

据了解,现在无论是在幼儿园还是在学校,使用最多的就是监控器,这种设备所拍摄的视频非工作人员是看不到的,而且涉及孩子隐私,父母当然不

希望自己孩子的隐私被别人窥探掌握,所以本项目就是针对父母对自己孩子幼年的关注特别研发的。本项目目前在市场上还没有完整的实施,也没看到类似的网站,所以竞争压力不会像百度、谷歌等网站那么大。新方案的提出必定有一个广阔的市场,以后的普及会让这个项目的盈利越来越可观。

11.6 总　　结

创意,为消费者而生,是事业起航的开始;

创新,以市场为参照,使我们在竞争中获得一席之地;

创业,迎时代而变,以需求为本是我们坚持的宗旨。

之于人,需求无尽,我们所做的,是可以让消费者的需求得到满足,从而感到幸福。

蜀道难,难于上青天,在这个变化的世界里,儿童安全网的模式在未来的日子里或将遇到种种不可预知的难题等待着我们去克服。在日后的发展中,我们始终坚持将消费者的需求放在第一位,想消费者之所想,急消费者之所急,不断进行自我优化。

指导老师点评

本项目从构思、调研、立项到完成整个规划书都是团队成员合作的结果,该项目立意非常新颖,能够引进世界先进技术来试图解决一个国人力求解决的现实问题,虽然项目规划过程中实施的部分有所欠缺,但还是能为这类问题的解决拓展思路,具有一定的现实意义。

动手能力是大学生培养的一个重要环节。在这方面我们的高等教育有较大的缺口。本案例的成功启示我们,在大学生中,还是有一部分学生具有开发潜力。如果我们能够很好地引导和启发这些学生,就能够进一步推动大学生的创新教育走上一个新台阶。

12 佐米堂时尚购物社区营销推广方案

参赛团队：上海工程技术大学 The One 团队
参赛队员：白娟娟 汤嘉文 曾科特 王佳琪
指导老师：陈靖栋
获奖情况：上海市大学生网络商务创新应用大赛二等奖
关键词：购物 社区 佣金 淘宝客

12.1 团 队 简 介

12.1.1 团队介绍

The One 团队由来自上海工程技术大学的四名大一新生组成，并且是代表学校首次征战全国商务网络大赛的队伍，我们初出茅庐，有着敢想敢拼执着追梦的信念(参见图 12－1)。即使一路荆棘，有血有汗有泪水，然而，初生牛犊不怕虎，四个追梦者永不会停下为梦而奔波的脚步。听静夜的马蹄声响在心头，我们将带着一路相扶而来的团结与自信继续坚定向前。前行的双桨荡起，在梦的海洋里迎风远航，破浪的风帆终会迎来胜利的曙光！这就是我们的梦，我们的创业梦，我们的中国梦，我们怀揣的激情与憧憬。我们就是这样的一个团队！

12.1.2 团队分工

队长：白娟娟，负责带领团队创新、方案制订、文案撰写、方案答辩。

队员：汤嘉文，负责网站建设、搜索引擎优化 SEO、网站页面与形象设计，

图 12－1　团队照片

人人网的线上推广。

队员：王佳琪，负责新浪微博营销，通过百度知道、微信、人人、QQ、QQ空间等手段推广网站或业务，设计海报。

队员：曾科特，负责网站运行和管理、线上营销以及腾讯微博的推广。

12.1.3　团队宣言

刮起头脑的风暴，迈出实践的步伐，用执着与智慧攀越高峰，傲视苍穹！

12.2　选题经过

通过分析淘宝等网络商城的盈利规模，以及查阅资料了解第三方支付产业的迅速发展，我们发现在今天网络飞速发展的时代与人们快节奏的生活之下，网上购物成交量与日俱增，于是就自然形成了依托于大淘宝网商的生存环境，即建立淘宝卖家与买家的媒介，以收取佣金为盈利目的的商业模式。于我们大学生创业团队而言，创业首先考虑的就是资金问题。该项目前期投入较低，成功的关键就是开发新的淘宝客新模式网站，投入充足的人力及智力，并通过各种手段进行网站的推广以获取一定的流量，实现最终的盈利。

过程中伴有未知的挑战,但却不可不谓是难得的磨炼。初次参加这种比赛,是欣喜且激动的,充满了无穷的冲劲,我们会尽全力去完成比赛,结果并不是目的,只希望让所有人共同见证专属于 90 后创业奋斗的历程!

12.3 实施过程及结果

12.3.1 简介

关于佐米堂时尚购物社区营销的推广方案,我们首先要做的就是建立网站。虽然我团队成员均为大一新生,在技术方面存在很大缺口,但在比赛过程中通过不断学习与知识的扩充,最终完成了网站建设,实现了网站的运行,这无疑成为我们参加这次比赛的一大收获。网站以引导消费者消费为目的,主要方式为通过网站来向客户推广网购商城中卖得比较好,价格比较优惠,而且信誉高的产品,从而获得卖方支付的佣金。我们的佐米堂时尚购物交流社区拥有快乐逛街、时尚达人、精品晒货、积分换礼、优惠折扣、小组扎堆等特色功能。网站功能齐全,但要想取得成功,推广力度必须得大,这无疑考验了队员们的精力以及各自的人际脉络关系。其次,就是网站信誉的建设,这对我们来说毫无疑问是巨大的挑战。

12.3.2 项目建设流程图

项目建设流程图如图 12-2 所示。

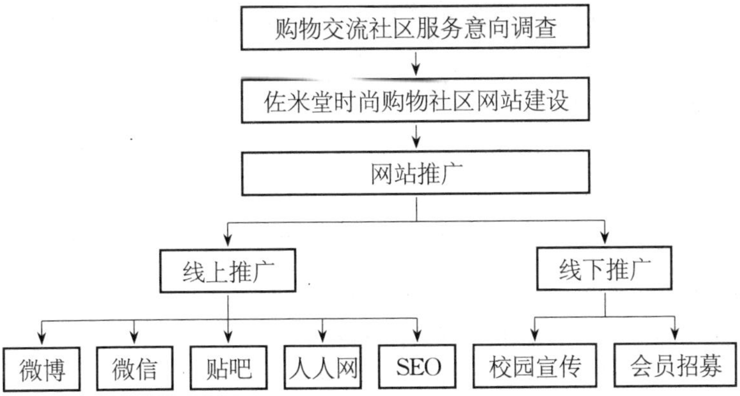

图 12-2　项目建设流程图

12.3.3 问卷调查结果分析

通过线上(问卷星)和线下方式进行问卷调查,我们共回收有效问卷512份,分析结果显示,男女比例1∶1,19—25岁的参与调查的网民占89.78%。调查结果显示,超过2/3的参与调查者经常网上购物,且愿意通过导购平台进行购物,所以我们的市场是巨大的。

12.3.4 SWOT分析

1. 内部环境因素

(1) S(优势因素)

网站特色:在如今导购网站普遍存在的情况下,要想博出彩无疑是困难的,但我们所搭建的佐米堂时尚购物社区却具有以下特色:

① 会员积分换礼品,给你绝对优惠;

② 拥有自己专属的主页,可爱的站宠米米欢迎您,个性化人生精彩呈现;

③ 米米交流小组,轻松生活每一天;

④ 晒出你的宝贝,分享快乐购物经验,广获数名粉丝等。

团队因素:

① 团队成员年轻富有想象力与活力,能在导购网站模式创新方面提出新的构想;

② 团队成员具有敏锐的潮流感官,及时跟随时尚动态,为购物者提供最大的便利。

服务对象:我们的主要服务对象是16—35岁年龄段的女性人群,该类人群的购买力强,并热衷于网购。

(2) W(劣势因素)

佐米堂大部分产品来自淘宝网,有些过度依赖于淘宝,提供的款式有限,限制网站发展。

佐米堂盈利模式主要靠广告,但由于互联网的快速发展,新的盈利模式也会随着互联网的发展而产生,这会给佐米堂带来更大挑战。

佐米堂才刚起步,用户规模较小,同行竞争力强,如美丽说、蘑菇街、堆糖网等大网站已经吸引住大批女性客户,我们只有拥有自己的特色才能拥有一定数量的黏性客户。

2. 外部环境因素

(1) O(机会因素)

市场背景：2012 年，淘宝网等电商网站的交易规模数据及第三方支付产业发展数据庞大，中国网络购物市场交易规模已突破 10 000 亿元大关，达到 13 040.0 亿元，占社会消费品总零售额的 6.2%。2012 年 12 月 3 日，阿里巴巴集团在杭州宣布，截至 2012 年 11 月 30 日晚 9 点 50 分，其旗下淘宝和天猫的交易额本年度突破 10 000 亿元。报告数据显示，2012 年中国第三方支付行业市场整体交易规模突破 10 万亿元，达到 104 221 亿元。根据艾瑞咨询的数据显示，2012 年第二季度中国网络购物市场规模为 2 683.7 亿元，较上一季度增长 17.6%，较去年同期增长 51.6%。其中，B2C 市场规模为 893.5 亿元，环比增长 43.7%，同比增长超过 140%，B2C 部分仍保持高速增长，并推动了网络购物行业发展(参见图 12－3)。

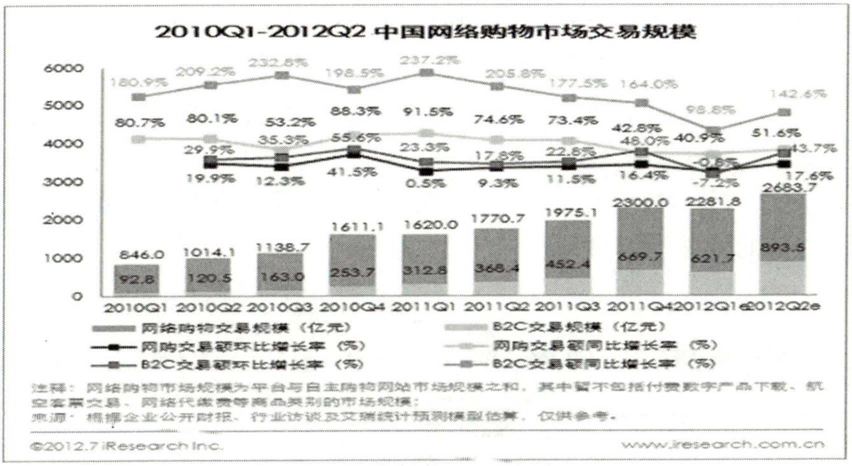

图 12－3　2010Q1—2012Q2 中国网络购物交易市场规模

现今淘宝等网购网站拥有大量的用户，交易额也达到一定规模，网购已经成为人们生活中不可缺少的购物方式，大量用户通过淘宝客网站、导购网站进行购物，这样既能买到心仪的商品，又省时省力。而淘宝客网站，导购网站也能从中获利，实现双赢。因此，淘宝客网站、导购网站是一个很有空间和潜力的盈利方式。

(2) T(威胁元素)

目前随着网购规模越来越大，导购网站也越来越多，其中主要占有量是女性消费市场，如蘑菇街、美丽说以及51妈咪购，这几个网站总体日访问量达到上亿次，根据专业机构统计目前京东、一号店、淘宝上的女性消费有1/10的点击是从这几个网站引导而来的，交易数额已经上10亿规模。这些数据说明，我们的竞争对手无疑是强大的，如无自身特色将很难博出彩。

12.3.5 网站建设及站点功能具体介绍

1. 网站建设

网站采用html搭建基本架构，以php来优化效率，并辅以api接口的引进与数据整理。网页外观方面，采用css美化与布局以及js制作动态效果与用户交互体验的优化，过程中亦参考了精美网络模板，使得网页形成瀑布流式布局，具有自动加载功能，无需翻页，尽可一饱眼福，做到尽善尽美。

2. 页面展示

逛街是女生的最爱，但是一天下来总是累得腿脚发软。来佐米堂时尚购物交流社区吧，体验最轻松、最快捷的网上逛街，我们为您网罗潮流精品，让您轻松饱眼福，快乐做潮人(参见图12-4)。

完美购物，美丽心情总是希望与他人共同分享，佐米堂谙知您心，为您全方位打造购物分享平台。晒完美购物宝贝，交流您的购物心得；做时尚新达人，秀出您的前卫搭配；创建杂志社，共享潮流新品。随您所愿，所有米米共同体会您的美丽心情(参见图12-5)。

图 12－4　主页

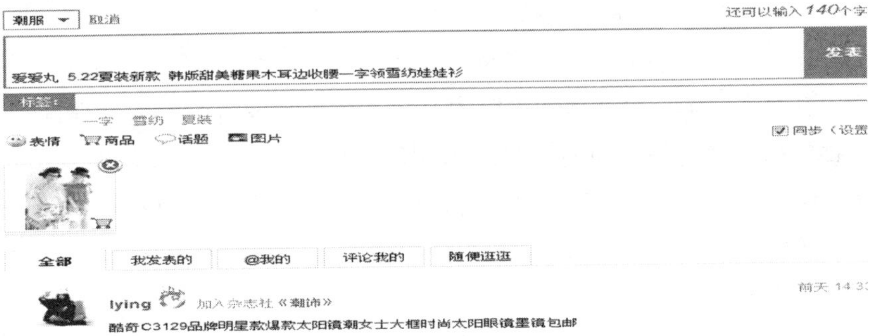

图 12－5　晒货页面

佐米堂网站拥有和空间主页类似的功能，在这里时尚前卫的你可以尽情展示自我风采，上传照片，靓出新自我；及时撰写文字，记录心情动态；会员之间沟通交流，快乐购物快乐生活。另外，还可以同步更新至你的新浪、腾讯微博哦。可爱站宠米米，每天等候您的到来，伴您快乐购物，快乐生活(参见图 12－6、图 12－7)。

图 12－6　个人主页页面

12.3.6 线上推广

1. 搜索引擎推广

(1) 背景介绍

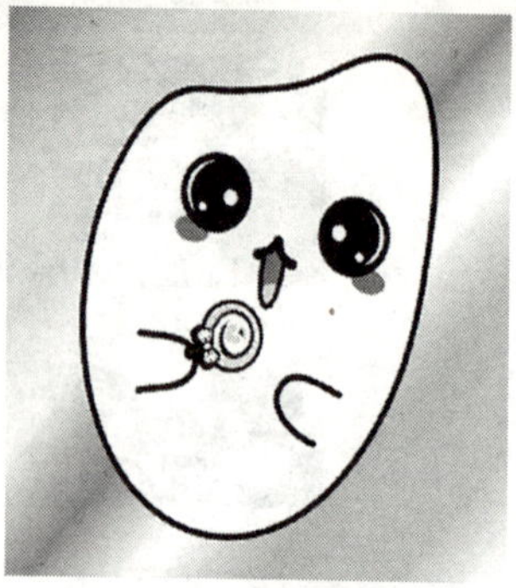

图12-7 站宠米米

搜索引擎推广是通过搜索引擎优化(SEO)、搜索引擎排名以及研究关键词的流行程度和相关性在搜索引擎的结果页面取得较高的排名的营销手段。搜索引擎优化对网站的排名至关重要,因为搜索引擎在通过Crawler(或者Spider)程序来收集网页资料后,会根据复杂的算法(各个搜索引擎的算法和排名方法是不尽相同的)来决定网页针对某一个搜索词的相关度并决定其排名。当客户在搜索引擎中查找相关产品或者服务的时候,通过专业的搜索引擎优化的页面通常可以取得较高的排名。国内外的搜索引擎非常多,但主要的、影响力较大的不过十个:国外(英文):Google、Yahoo、Excite、AOL等。国内(中文):中文Yahoo、百度、新浪、搜狐等。

(2) 佐米堂搜索引擎推广

① 正确为佐米堂时尚购物社区定位,网页构建过程中插入关键词:时尚购物社区、发现潮流精品、分享网购乐趣、佐米堂、淘宝网、衣服、鞋子、包包、配饰、家居、美容、搭配、达人、团购,佐米堂是时尚购物分享社区。我们为你精选各式女性时尚用品,并且网购达人与你交流最新最热的时尚搭配秘籍,分享网购经验和当红好店。快来佐米堂分享你的网购点滴吧。

② 找准目标服务人群,网站每页内容中写5到8个字符合其喜好的描述性标题。

③ 保证页面内容的组织与关键词的匹配度要高,建立网站信誉。

2. 新浪微博推广

新浪微博是一款为大众提供娱乐休闲生活服务信息的分享和交流平台,人群偏中青年,以思维深度、报道前沿见长,其广告价值往往更被商家认可(参见图12-8)。

佐米堂团队已注册官方微博,并且及时更新团队信息,及时发布新产品,吸引用户关注。佐米堂微博目前关注人数已达到2 193人。

3. 腾讯微博推广

腾讯微博人群偏学生化、年轻化。我们的客户群主要来自年轻一代,因此

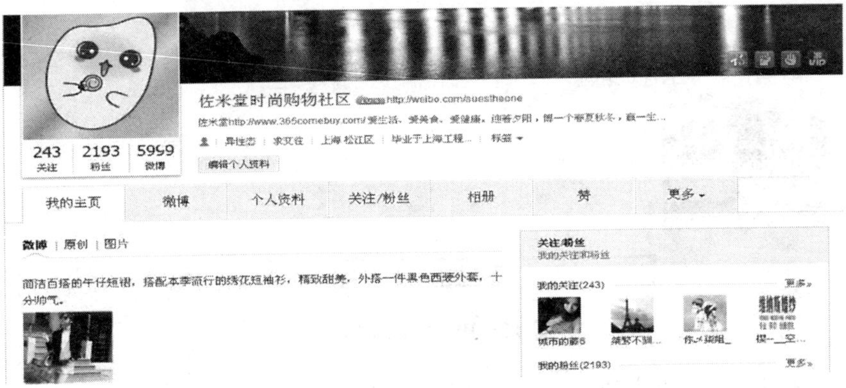

图 12－8　新浪微博主页

腾讯微博是我们的重点推广工具(参见图 12－9)。

图 12－9　腾讯微博主页

以娱乐信息为主,更娱乐、更"文艺"。这表现在腾讯微博上一些编写精致、用笔工整、意境优美的散文性、诗意化、哲理性的"经典语录"和搞笑幽默的"冷笑话"的发表率和转播率远高于新浪微博。本团队通过发送这类文艺微博来吸引观众,现今已经有 1 615 名观众,并获得了"腾讯微博之星"的称号,起到了很好的推广效果。如下面一则信息,阅读数达 2.4 万,转播和评论数达 60(参见图 12－10)。

4. 百度贴吧推广

我们开通了以"佐米堂购物交流社区"为名的百度贴吧,及时为广大用户解决使用中的问题,方便使用者相互探讨。另外,我们将百度贴吧作为推广

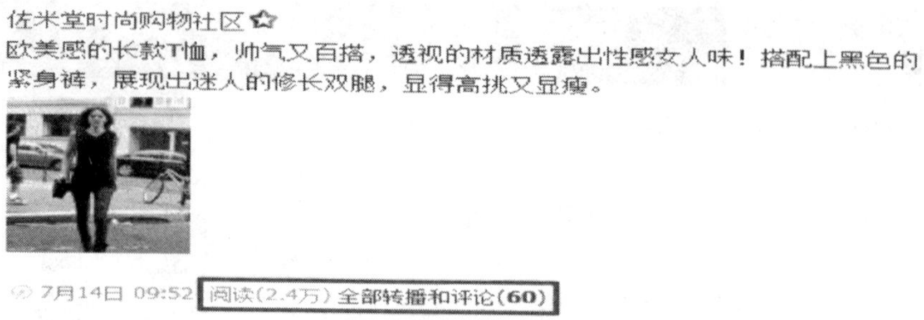

图 12－10　腾讯微博分享

途径之一，在各大贴吧发帖，以吸引客户，这段时间以来共发帖 22 个，还是有所成效的。

5. 百度知道

百度作为国内做大的搜索引擎网站，就其用户的使用量来说无疑是同行中最大的。其中百度知道的使用人数也是相当之大。做百度知道推广的关键有两点：一是用户的搜索习惯，二是如何去挑选转化率、搜索量大的产品。我们团队在精心挑选好要推广的产品后，就进入百度知道账户后台设置关键字：佐米堂、淘宝、时尚等。在设置之后系统会筛选、推广相关的问题来让你解答，通过解答来展开营销活动。

6. 通信工具推广

国内以腾讯 QQ 为代表的即时聊天软件的兴起，为网络营销提供了更多的选择，可以通过此类即时通讯软件进行网络线上营销。同时，即时通讯方便了我们团队的内部联系。

7. 人人网推广

人人网是备受广大同学欢迎的网络社交平台，人际覆盖面极广，消息传递可延伸至外校，是佐米堂的推广途径之一。目前，团队已在人人网注册以“佐米堂”命名的个人主页，与此同时，我们还注册了人人网的公共主页功能来进一步推广，公共主页是一个资讯平台，通过公共主页可以即时收到用户所关注的名人、媒体、机构、话题的最新信息，并实现资讯的共享与传播。

8. QQ 空间推广

QQ 拥有广大用户，使用 QQ 空间的人数也不少，于是 QQ 空间成了我们的另一个推广渠道。我们团队成员在 QQ 空间上撰写日记，添加好友，吸引了一批客户。

12.3.7 线下推广

(1) 书签宣传：印制专属佐米堂时尚购物社区的精美书签，在上海市松江大学城派发，同时亦可免费向各校图书馆提供书签，以提高网站的知名度。

(2) 海报推广：在各宣传栏张贴佐米堂时尚购物社区的精美海报。

(3) 会员招募：在上海市松江大学城各校区内设摊推广佐米堂时尚购物社区，凭借网站特色与队员人脉关系招募会员；在微博、人人及微信上发布会员招募信息。

(4) 佐米堂时尚购物交流社区线下推广。

12.3.8 佐米堂时尚购物交流社区线下推广策划

1. 活动目的及意义

佐米堂时尚购物交流社区网站已建成，为加大对其宣传力度，我团队决定采用线下推广与线上推广相结合的方式。在上海工程技术大学对本次比赛以及我团队的支持下，特开展本次以“引领潮流风尚，享受快乐购物”为主题的活动，意在让在校大学生认识佐米堂，喜爱佐米堂，同时进行会员招募。

2. 活动主题

引领潮流风尚，享受快乐购物

3. 主办与协办

主办：The One 团队

协办：上海工程技术大学电子电气工程学院

4. 活动对象

在校大学生

5. 活动时间

2013 年 8 月 27 日

6. 活动地点

上海工程技术大学食堂门口

7. 前期准备：

(1) 制作佐米堂宣传海报、书签、横幅、传单。

(2) 在学校各布告栏张贴佐米堂的宣传海报，提高其自身及活动的知名度。

(3) 活动物资采购、租借。

8. *活动开展情况*

本次佐米堂时尚购物交流社区的“引领潮流风尚，享受快乐购物”线下推广活动当天流程如下：

(1) 活动当天中午11点前往上海工程技术大学食堂门口进行场地的布置，包括横幅的张贴，展板的摆放等；

(2) 待学生们放学后，负责发传单的人员向人群派发传单，并向其简要介绍佐米堂，引导他们前去摊位现场注册；

(3) 摊位前有专人对佐米堂时尚购物交流社区进行较细致的介绍，让人们能深入地认识佐米堂，愿意成为佐米堂的会员；

(4) 现场赠送佐米堂的专属书签，既是小礼物，也达到了宣传的目的；

(5) 活动当天，我团队还会将书签免费赠予校图书馆，既为学校与学生服务，也会起到不错的宣传效果；

(6) 我团队自主设计书签海报参见图12-11、图12-12。

图12-11 活动推广海报

图12-12 赠品书签

9. *活动负责人员安排：*

总负责人：队长白娟娟

海报、传单及书签制作：队员王佳琪，配合人员：白娟娟

海报、传单及书签印制：队员曾科特

海报张贴：队员曾科特、汤嘉文

传单派发：曾科特、汤嘉文及相关支持人员

现场解说：白娟娟、王佳琪

10. 经费预算

活动经费预算如表 12 所示。

表 12 活动经费预算

序 号	内 容	预算金额(元)
1	7 米横幅	40
2	书 签	50
3	调查问卷	30
4	海报及展架	150
5	其 他	100
合 计		370

12.3.9 推广成果展示

经过约三个月的运行，佐米堂时尚购物社区的累计访问量已有 185 265 次，其中独立访客 72 217 名，IP 地址 67 074 个(参见图 12－13)。

图 12－13 网站访问量截图

我们从 4 月以后就逐步展开了以线上为主、线下为辅的推广方式，并起到一定成效，我们付出的汗水也有了一定的回报。从 3 月份的 21.62 元，4 月份的58.66元，5月份的134.41元，再到6月份的680.61元，7月份的813.63元，8月份待收入1 258.28元。至此，佐米堂6个月以来累计收入2 967.21元。这些收入除了在主网站上的直接收入，更多的是以佐米堂名义发布的营销推广信息，客户点击其链接，完成交易后，我们即可收到的佣金，所以在微博、微信等推广过程中的淘宝客推广链接，也是我们主要收入来源（参见图12－14）。

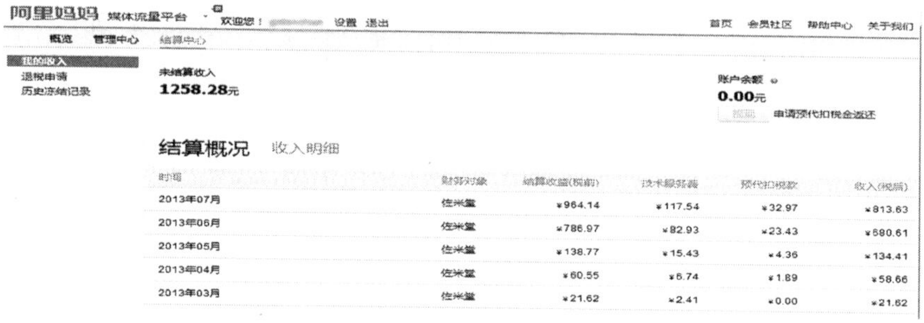

时间	财务对象	结算收益(税前)	技术服务费	预代扣税款	收入(税后)
2013年07月	佐米堂	¥964.14	¥117.54	¥32.97	¥813.63
2013年06月	佐米堂	¥786.97	¥82.93	¥23.43	¥680.61
2013年05月	佐米堂	¥138.77	¥15.43	¥4.36	¥134.41
2013年04月	佐米堂	¥60.55	¥6.74	¥1.89	¥58.66
2013年03月	佐米堂	¥21.62	¥2.41	¥0.00	¥21.62

图12－14 佐米堂淘宝客月收入情况

12.4 总　　结

佐米堂的收入在这段时间内有一个明显的提高，可见这个项目是有发展潜力的，并且随着推广力度的不断加大，发展空间是巨大的。当然，目前网络上形形色色的淘宝客不计其数，但这不妨碍我们The One团队在这个大群体中分一杯羹，或许我们没有他人专业，但我们却有着敢于拼搏的精神，有着坚持隐忍的耐力。我们还年轻，才是即将迎来大二生活的学生，我们朝气蓬勃，敢于迎接挑战！

指导老师点评

在今天网络飞速发展的时代与人们快节奏的生活之下，形成了依托于大淘宝的网商生存环境，即建立淘宝卖家与买家的媒介，通过收取佣金为盈利目的的商业模式。佐米堂是时尚购物分享社区，通过购物圈子的建设，提高用户的黏性，线上推广与线下推广相结合，将不同的推广工具进行有效整合。

为消费者快速有效购物与商家快速推广产品之间建立了良好的纽带。

本项目是基于淘宝网所设计的一种新型中介模式,有一定新意,并且有了初步的营销实践。该项目在策划网络营销方面做得比较好,引入了搜索引擎推广、微博推广、贴吧推广、通信工具推广、QQ推广等方法,取得明显效果。

13 绿色生态电子庄园

参赛团队：上海东海职业技术学院　花 YOUNG 队

参赛队员：吴青松、马小波、潘璐、葛嘉文、周梦玥

指导老师：李福刚、时启亮

获奖情况：上海市大学生网络商务创新应用大赛一等奖

关键词：绿色农业　电子庄园　网络营销　整合资源　创意服务

13.1 项 目 概 要

13.1.1 创意来源

安徽明光农场是上海东海职业技术学院商贸学院时启亮教授的毕业学生经营的一家以大片的松林为依托，饲养野生土鸡、出售绿色鸡蛋以及各种衍生农产品的绿色农场、现代庄园。经多次沟通交流，实地考察后，我们发现其作为现代农业的典型代表，市场前景广阔，但是在利用现代网络营销手段、整合其他相关资源等方面存在欠缺。本项目以此为切入口，与国家倡导的“农业现代化”与“生态文明建设”指导方针相适应，构建现代农业、生态旅游、绿色生活理念为一体的“绿色生态电子庄园”，开展线上线下交叉营销，充分利用互联网，整合农业资源、旅游资源、生态资源，争取实现农产品销售、旅游观光收入、网络营销收入、衍生产品与整合资源销售收入为一体的多方面联动的现代农业经营模式。

在实地采访调查过程中，我们发现企业在经营过程中遇到了瓶颈，针对安徽明光农场目前的经营状况，我们觉得开拓电子市场才能使该农场走得长远。目前国内类似的网络平台特色不明显，我们便有了想要创立一个有特色

的、有针对性的网站的想法，农趣网应运而生。我们试图开拓安徽明光农场现有经营项目，开启农业与大学生合作的新模式，力图将其打造成为绿色生态电子庄园，结合农趣网，开展线上线下同时联动的经营模式。同时，发挥我们高校智力优势，策划特色服务项目，整合多种资源，激活农业现有资源，实现突破性发展。

13.1.2 项目说明

农趣网是我们以经营全国各地方特色农产品为主的 C2C 、B2C 电子商务网站。本着“诚信服务、顾客为先”的服务理念，将全国各地特色农产品和特色文化展现给广大顾客，为顾客提供舒畅的购物体验，让顾客更便捷地体验到原汁原味的特色农业产品和文化。

安徽明光农场是作为首批入驻农趣网与我们合作的商家，利用农趣网为其进行代运营。我们将农场打造成现代化的绿色生态电子庄园，开展线上营销，充分利用互联网，整合农业资源，实现农产品多途径、高质量销售。我们涉及的项目不仅是在线为商家提供绿色生态农产品的销售以及推广(绿色土鸡、鸡蛋、鱼塘饲养、松子榨油销售)、婚礼婚庆的举办地、特色农家乐业务定制以及未来筹备旅游节的举办等业务，更是为我们农趣网的商家商户提供了一套全方位解决他们发展瓶颈的方案。

13.1.3 项目亮点

本项目最大的亮点就是从不同方面满足人们对生活质量的追求，也就是服务多元化。消费者除了能实地体验农场服务与产品，更能足不出户购买我们的产品。互联网的高速发展改变了以往人们获取信息的方式，越来越多的人尝试从网络商店而非实体店铺购买物品，这为在线成功出售绿色庄园产品提供了保证。此外，我们为每一个入驻商家量身定制出一套合适的特色项目，使产品多样化，借此吸引顾客，力求销量最大化。我们将进行资源整合，通过创意，整合农业资源、网络资源、旅游资源等，产生连带效应。

我们以国家可持续发展战略为向导，发展循环经济。绿色科技庄园是一种环保的、节能的、取之不尽用之不竭的资源，为安徽明光农场今后发展庄园经济的可持续奠定了一定的基础。中国作为人口众多的农业大国，绿色庄园经济始终是国家优先扶持发展的重点产业。绿色庄园经济的成本利润率高，同时电子商务可以降低庄园的促销成本，通过我们网络平台发布庄园产品价目表进行新产品介绍和宣传庄园的形象。相比以往的广告电视等媒介来说，我们的绿色生态科技电子庄园更节约成本，更有效。

13.1.4 项目经营范围

现如今大量个体农场、农家乐的出现，为开发绿色庄园经济提供了客观条件，而这种私营单位大多面对着经营方式单一、知名度低的困难，导致发展局限于当地，难以拓宽市场、打开销路、提升收益。

我们小组致力于将个体农产品商户与电子商务结合在一起，在政府大力发展"三农"经济的宏观背景下，将庄园经济更好地利用互联网这个平台展示。我们的目标是开拓一种新型的绿色生态电子庄园，而不仅仅局限于以往单一的经济模式。我们不仅在线上为我们的客户提供网络交易平台，而且在线下为客户因地制宜，量身定制合适自己的发展项目。

本平台专注于农趣网实践，提供线上与线下相结合的综合服务。在线下，把农业资源、旅游资源、创业创意服务整合在一起，提供特色化的服务。在线上，一方面，平台将搭建一个C2C网站——"农趣网"；另一方面，为各商户、农场主提供交流平台，开拓新市场商机。平台作为一个盈利机构，主要通过会员、合作企业(目前合作对象为安徽明光农场)、广告商和点击率及相关链接进行收费。

适应时代需求是本项目的灵魂所在，"敢闯敢拼、自立自强"的创业精神是企业的价值观所在，我们将开拓大学生创业实践这一市场，在未来发展上力争与时俱进。

13.2 产品与服务

13.2.1 产品与服务定义

农趣网是极具特色的C2C网络农产品销售平台，集在线交易与个体商户特色项目开发为一体。安徽明光绿色生态电子庄园是集生态保护、科技示范、观光旅游、农业生产诸功能于一体的大型绿色庄园，将环境保护、农业生产、现代旅游有机结合。同时依托网络这一灵活便捷的平台，采用C2C等模式推出特色农产品在线销售、绿色科技成果展示等业务，为顾客提供全面、贴心的服务。用现代网络营销手段、资源整合能力，构建现代农业、生态旅游、绿色生活理念为一体的“绿色生态电子科技庄园”,开展线上线下的交叉营销,充分利用互联网,整合农业资源、旅游资源、生态资源,争取实现农产品销售、旅游观光收入、网络营销收入、衍生产品与整合资源销售收入为一体的多方面联动的现代农业经营模式。

13.2.2 产品与服务的客户价值

农趣网着力于改善中小农产品商户的营销困境,建立全新的“绿色生态科技电子庄园”项目模式,拓宽中小商户市场。以环保人士、高新技术人员和广大消费者作为主体客户。绿色生态科技电子庄园主打绿色环保可循环经济,以绿色环保、以人为本作为企业发展理念,倡导新生活。

绿色生态科技电子庄园拥有丰富的服务项目,包括生态保护、科技示范、观光旅游、农业生产、线上销售五大项目,将环境保护、农业生产、现代旅游、网上销售结合起来。不论顾客是亲身至此还是相隔万里,都能享受到我们的服务。

安徽明光农场本身拥有经验丰富的专业营销团队,更了解顾客的需求。我们根据市场的需求及时调动我们的商品供应。多位经验丰富的员工不论在运营理念还是销售思路上都能帮助我们给顾客提供优质服务。

13.2.3 发展规划

第一阶段:招商引资,完成安徽明光农场绿色生态科技电子庄园的建设。

(1) 招商引资,实地考察安徽明光农场及网店建设。

(2) 做好前期宣传工作,打响知名度。

(3) 安徽明光农场网上店铺完成初期交易任务,开始有一定的顾客。

第二阶段:提高知名度,打响品牌,树立口碑。

(1) 投入更多广告费,用于宣传本店。

(2) 注重细节,获得用户好评。

(3) 获得良好的声誉和口碑。

第三阶段:拓宽市场,面向国际,走向世界。

(1) 积极拓宽国外市场。

(2) 寻求外资合作。

(3) 建立海外绿色庄园。

13.2.4 项目服务亮点

图13－1显示了绿色电子庄园的流程图。从图中可以看出，绿色燃料、绿色肥料、旅游观光等领域，都是本项目的服务亮点(参见图13－2)。

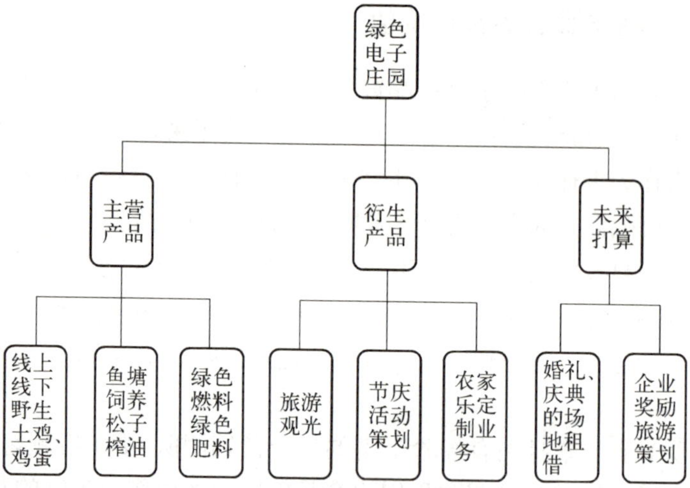

图13－1　绿色电子庄园流程图

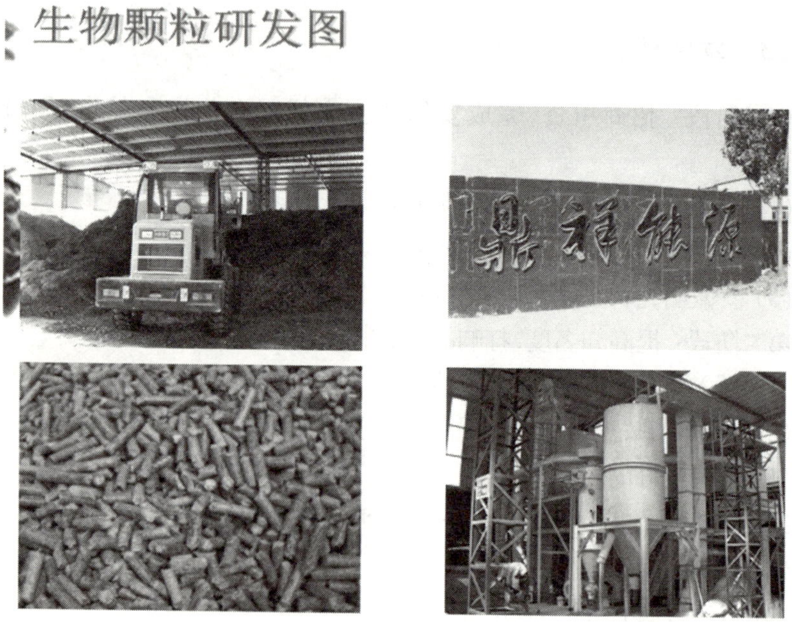

图13－2　项目服务亮点

13.3 市 场 分 析

13.3.1 市场机会

随着经济发展和国民生活水平的提高,消费者的消费观念也开始转变。人们渐渐开始追求更高层次的消费。绿色、环保、网购等词汇深入人心,人们开始更注重生活的质量。另一方面,现代人生活节奏加快,尤其是城市居民,日常精神压力较大,需要缓解压力,释放心情。绿色网购、健康消费农趣网便应运而生,开展线上交易和特色项目(绿色庄园),从不同方面满足人们对生活质量的追求。

互联网的高速发展,也改变了人们以往获取信息的方式。越来越多的人足不出户即可从网上购买物品。这为网上成功贩卖农产品提供了保证。

网上销售,因除去传统店面租用及装修费用,故能保证商品价廉物美。而物流业的迅速发展也解决了线下配送的问题。顾客在网上购买产品时,除了能享受到低廉的价格和方便的服务外,也能最大限度地了解商品,货比三家,购买到称心如意的商品。

对中小商户而言,入驻农趣网打开了产品销路,使自身的发展不再局限于弹丸之地,拥有了前所未有的商机。

13.3.2 目标市场定位

农趣网以扶持中小农户为目的,帮助商户拓宽市场,开辟销售渠道。同时,农趣网也开展特色农业项目,满足人们日益增长的绿色消费需求,将顾客群定位于有较高消费层次的和工作忙碌的城市居民。这是基于人们新的消费观以及对高质量生活的需求。

生活水平的提高促使消费观念变更,消费者更倾向绿色消费,便捷消费。集环境保护、农业生产、现代旅游、网上销售于一体的绿色庄园正好契合了这类消费群体的消费需求。

13.3.3 市场竞争优势

1. 理念新颖,观念创新

绿色生态科技电子庄园特色项目坚持以人为本,提倡以绿色、环保、科技、创新为关键的发展运营。绿色生态科技电子庄园带给顾客的不仅仅是简单的消费，更是一种生活态度、生活方式。我们倡导绿色消费新理念，引领绿色生活新风尚。

2. 价廉物美，购买便利

C2C线上销售平台使得消费者在购买绿色庄园产品时，不仅能享受到低廉的价格，足不出户做到货比三家，真正享受实惠，还能为平时无暇出门消费的人群创造消费条件，方便人们购买。

3. 特色业务，贴心服务

绿色生态科技电子庄园将环境保护、农业生产、现代旅游、线上销售有机结合，让顾客最大程度享受我们的服务。此外我们还提供在线咨询服务，为客人提供意见和建议。

4. 市场前景广阔

当今市场，绿色庄园的发展之势如日中天。绿色经济深受消费者喜爱。这主要得益于消费者生活水平和消费观念的提升。另一方面，可持续发展一直是国家所倡导的经济发展方式。绿色生态科技电子庄园同时得到消费者与政府的支持，发展态势十分优良。

13.4 竞争战略

13.4.1 商业目的

首先，借助网络宣传农趣网与安徽明光农场合力打造的绿色庄园，以提升绿色消费的理念，打造绿色科技电子庄园品牌而带动农趣网的知名度。其次是建立经济较高的绿色健康营销网络，拓展绿色科技电子庄园经济的营销渠道，增强企业的运营能力，既能方便消费者的消费，又能很大程度地满足安徽明光农场的利益。

1. 市场开发现状分析

庄园经济是一种利用现代融资渠道，以市场为导向，以科技为支柱，以经济效益为中心，资产股份化、经营规模化、管理企业化的农业发展模式。自2005年以来，我国电子商务市场交易额稳定增长，未来3年，仍是我国电子商务投资规模持续增长和爆发的时期，我国电子商务投资市场将迎来新一轮的发展高潮。一方面，2007年国家“十一五”电子商务发展规划的颁布标志着政府推动电子商务的总体布局已经形成；另一方面，电子商务市场在企业的应用成效以及对经济、社会发展的推动作用日益明显。电子商务交易量增长迅速，电子商务涉及的行业不断扩展，消费群体发展迅速，电子商务模式创新日益活跃。终于在2012年迎来了绿色生态电子科技庄园的春天。绿色生态科技电子庄园在国内具有一定的发展前景(参见表13-1)。

表13-1 绿色生态电子商务主要历程

1998年3月6日	我国国内第一笔Internet网上电子商务交易成功。
1998年10月	国家经贸委与信息产业部联合宣布启动了以电子贸易为主要内容的“金贸工程”，因而，1998年甚至被称为中国的“电子商务”年，政府、商家和消费者都意识到，电子商务的兴起，即面临着诸多的挑战。
1999年3月	阿里巴巴网站诞生，同年5月8848网站推出并成为当年国内最具影响力的B2B网站。
2000年6月	中国金融认证中心(CFCA)成立，专为金融业务的各种认证需求提供证书服务。
2001年	我国正式启动了国家“十五”科技攻关重大项目“国家信息安全应用示范工程”。
2008年春	一个以现代庄园经济带动全县农村经济发展的构想，开始在定边大地上生根发芽。经过短短一年多的试验，以现代庄园为载体，种养加工相结合、农工商一体化的现代庄园经济模式在定边风生水起，辐射全县。
2012年	祁县统筹推进生态建设与产业发展，高标准大力度发展生态庄园经济，形成了经济效益、社会效益和生态效益共赢的良好格局。截至目前，全县形成连片规模经营的高标准生态庄园30个，经营规模达10万亩。累计投资5 000万元，发展经济林1.2万亩，生态林1.4万亩。

绿色生态科技电了庄园在国际市场具有一定的发展前景。随着11世纪西欧商业的发展和城市的复兴，商业交往特有的渗透力极大地触动了庄园的存在基础，促成了庄园经济的瓦解和向商业化方向的靠拢。商人阶层的形成使大批的农民从土地中脱离出来，加入到商业经营中来；商业行为使庄园中的产品与市场联系起来，实物地租变为货币地租。比如说，意大利的园林的建设，伊拉索—贝拉园林、阿尔多不兰迪尼庄园，都可以结合电子商务的形势打造成绿色生态科技庄园经济。

2. **市场进入策略**

先对市场进行调研，正确认识和对待市场，在战略上协调运用经济的、心理的、政治的和公共关系等手段,以博得消费者对商家的青睐,从而达到预期的目的,然后进行市场的分割,打开封闭型市场,当市场达到成熟阶段时,通过策略和运用时间换取市场,适应和改变顾客的爱好,了解竞争者和向竞争者学习,实行创造性的推销。

13.4.2 市场定位

农趣网寻求中小农户为合作伙伴,开展绿色生态电子庄园新型模式。以发展绿色环保的庄园为主,将目标客户群定位于广大消费者,从环保人员、科技人员入手,陆续在沿海发达地区展开,待市场表现巩固的时候,将目标扩大到海外市场,开始完善我们的管理和服务,追求高层次、个性化的服务。

13.4.3 发展战略

寻求对口的合作商户,以特色产业"绿色科技电子庄园"为依托,迅速有效地打入现有市场。维持其竞争地位,保证企业的外部环境尤其是政府支持的方向与企业发展战略一致。要有长远性、全局性、抗争性、可调性、经常性地开发新产品。将新市场和老产品结合起来。

13.4.4 竞争力分析

(1) 众多的合作伙伴。
(2) 庞大的客户群体。
(3) 巨大的消费市场。
(4) 电商高速发展的时代背景(参见图13-3、表13-2)。

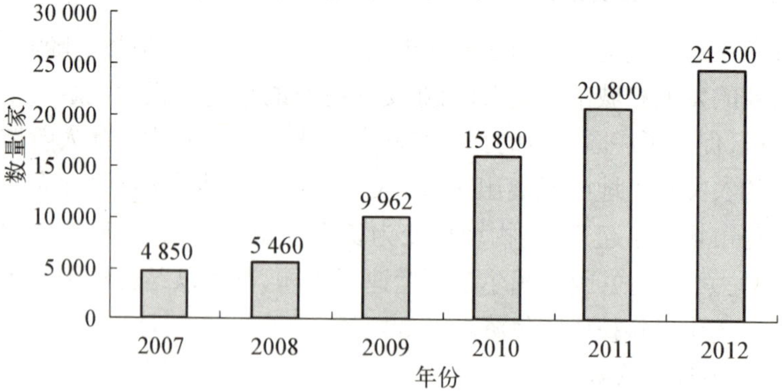

图13-3 2007—2012年中国B2C/C2C电子商务企业规模

表 13-2 不同 C2C 购物网站用户年龄结构

年龄 购物比例	不到 18 岁	18— 24 岁	25— 30 岁	31— 35 岁	36— 40 岁	40 岁 以上
淘宝网	2.8%	39.8%	32.5%	13.3%	6.7%	4.8%
拍拍网	11.1%	57.1 %	24.6%	4.0%	1.6%	1.6%
TOM 易趣	3.0%	30.5%	34.5%	14.7%	11.2%	6.1%

就全球范围而言，电子商务销售额正以每年 19%的速度增长。Ferrester 预测美国 2009 年至 2015 年的在线销售额将从 1 970 亿美元升至 2 790 亿美元，欧盟则从 900 亿美元升至 1 000 亿美元，以平均每年 10%的比例增长。研究报告同时预测欧洲在线购物的人数将在那段时间，从 2.75 亿人增值 3.03 亿人。

13.5 经 营 管 理

13.5.1 商业模式

1. 平台开放，农户自销

开放农趣网平台，邀请农户“入住”，自产自销。在扩展销路的同时，降低运营成本。邀请中小型企业“入户”，拓宽中小型企业的市场商机。

2. 与企业合作模式

与合作商开展特色项目(绿色生态电子庄园)，结合旅游业、农业，构建现代农业、生态旅游、绿色生活理念，充分利用互联网，整合农业资源、旅游资源、生态资源，争取实现农产品销售、旅游观光收入、网络营销收入、衍生产品与整合资源销售收入为一体的多方面联动的现代农业经营模式。

13.5.2 农趣网经济价值链

农趣网经济价值链如图 13-4 所示。

13.5.3 农趣网经济价值链分析

考察——信息收集与加工：首先在经过实地考察后，邀请商户入驻。探索新项目，并通过问卷调查、访谈等形式了解消费者对于这个项目的满意度。

生产——搭建网络平台：通过商业电子模式的平台，建立相关联的有技

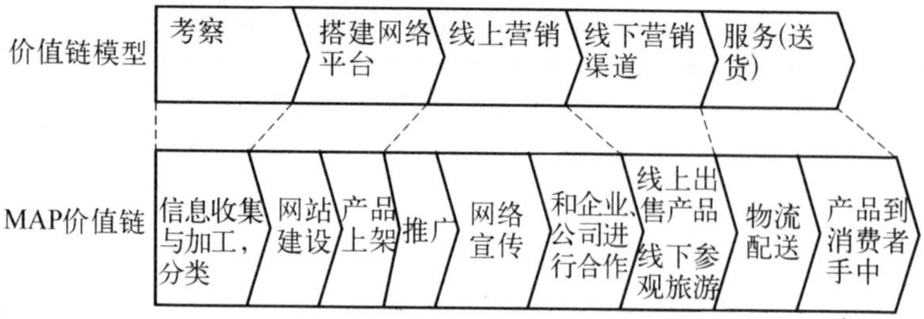

图13－4 农趣网经济价值链

术含量的产品,结合旅游业、农业经济,开发出有创新、环保理念的商品,使我们的商品通过绿色先进的科技电子进入世界的消费市场。

线上线下营销——销售方式:物品经过在网上一系列的宣传广告,经过电子市场的流通,使我们的产品能随物流业的发展,到达消费者的手中,以此拓展市场,打造网上消费市场。

服务——物流服务:提供相关方面的人员培训,打造生态绿色旅游为一体的服务,进一步完善店面的管理工作,以及售后消费服务。

13.5.4 网络营销策略

首先网络营销战略的制定需要经历三个阶段:

(1) 确定目标优势,分析实施网络营销能否促进本企业的市场增长,通过改进实施策略实现收入增长和降低营销成本;

(2) 分析计算收益时要考虑战略性需求和未来收益;

(3) 综合评价网络营销战略。

13.6 财务分析与融资

13.6.1 财务进项分析(以2012年为例)

财务进项分析参见表13－3。

表13－3 财务进项分析

项　　目	金额(单位:万元)
融　　资	50
产品促销	10

续 表

项　　目	金额(单位：万元)
旅游观光	8
资源再利用	20
衍生产品	30

13.6.2 财务支出分析(关注2012年)

财务支出分析参见表13-4。

表13-4 财务支出分析 单位：万元

项目＼年期	2011	2012	2013
员工工资	5	5.5	6
宣传费用	2	2.2	3
固定资产	20	40	60
税收支出	4	5.2	6
租借费用	10	2	3

13.6.3 利润分析(2012年)

利润分析参见表13-5。

表13-5 利润分析 单位：万元

总收入	总支出	总利润
118	54.9	53.1

13.7 总　　结

绿色生态电子庄园，以安徽明光农场为创意雏形，以农趣网为网络交易平台，以线下的特色农场为依托，集农业资源、旅游资源、网络资源为一体，充分整合、发挥各种资源之间的连带效应，突出创意服务，激活各种资源，产生共振效应!

本项目以市场为导向,以科技为支撑,以经济效益为中心,以建设生态文明为目标,尝试探索一种新型农业产业开发和农村经济发展模式,结合电子商务的推广,大力发展多元化新型电子农业经济,致力于打造最具特色农产品交易平台,以此为出发点带动农民致富,实现农民、消费者与网站三方共赢。

农趣网致力于打造最优的农产品交易网站,着力于扶植中小农产品商户。旗下安徽明光生态电子庄园项目集生态保护、科技示范、观光旅游、农业生产诸功能于一体,依托于线上销售平台,开展线上线下的交叉营销。借助网络推广公司品牌。以绿色、环保、可持续为特色进行发展,倡导绿色生活,并以此为利益增长点。

我们力求为每一个入驻商家量身定制出一套合适的特色项目,使产品多样化,借此吸引顾客,力求销量最大化。充分发挥我们的资源整合优势,通过创意,整合农业资源、网络资源、旅游资源等,产生连带效应。

指导老师点评

农业、旅游与电子商务结合,衍生出农业电子商务和旅游电子商务。农趣网项目最大的亮点就是从不同方面满足人们对生活质量与品质的追求,将分散的农业资源、网络资源、旅游资源等进行整合,通过互联网的方式发挥整合效用,让信息更为透明,有助于优化投资决策,让资本配置更为有效。它还可以推动劳动力技能提升、提高劳动生产率,通过降低价格让人们获取信息更为便捷,以及带来各种各样的便利创造消费者剩余价值。

本项目的整体设计思路比较清晰,能够抓住涉农电子商务的主要突破点,对农趣网经济价值链分析有一定创新。但在网络营销和网站运营方面还需要进一步加强。

14 基于CMC模式的大学生结伴旅游创新平台

参赛团队：上海海事大学　心饰团队

参赛队员：诸俊烜　陈依文　潘梦玲　张　蕊　谢怡婷

指导老师：董　岗

获奖情况：上海市大学生网络商务创新应用大赛二等奖

关键词：CMC模式旅游　结伴　大学生

14.1 项目概要

14.1.1 项目综合介绍

如今各种旅游网、结伴网层出不穷，但大都是面向社会，并没有特别针对大学生这一群体的。大学生旅游需求旺盛，随之而来的安全问题是他们决定是否结伴出行的首要因素，同行者若同为在校大学生，那么出行安全性、旅途的趣味性都将大大提高。

为了满足目前大学生结伴旅游市场的巨大需求和填补自助游市场移动平台的空白，我们设想用电子商务的方式为上海各高校学生提供结伴旅游服务——创建一个大学生的结伴旅游平台，同时搭建相应的移动客户端。打造一个微世界、微距离，大学生出门在外总有伴的全新“互联网—旅游”体验服务平台。

网站总目标是首创基于CMC的新电子商务模式，并与移动客户端相结合的面向上海高校学生的结伴自助游平台。我们建设红尘网的目的即为满足大学生安全结伴游这个市场，为其提供一个交流平台，并让其享受相应免费服务和盈利增值服务。

红尘结伴网是时尚的自助结伴旅游网站，网站集结伴旅游(结伴同游、结伴旅行)及旅游交友功能于一体，在这里您可以搜索和发布结伴旅游等信息。红尘结伴网定位于客户服务型，在开创一个平台的同时，提供很多服务，包括免费服务和盈利性增值服务，并且充分发挥移动客户端的便捷作用，符合年轻人的上网习惯。

14.1.2 网站结构图

结伴旅游创新平台的网站结构如图 14－1 所示。

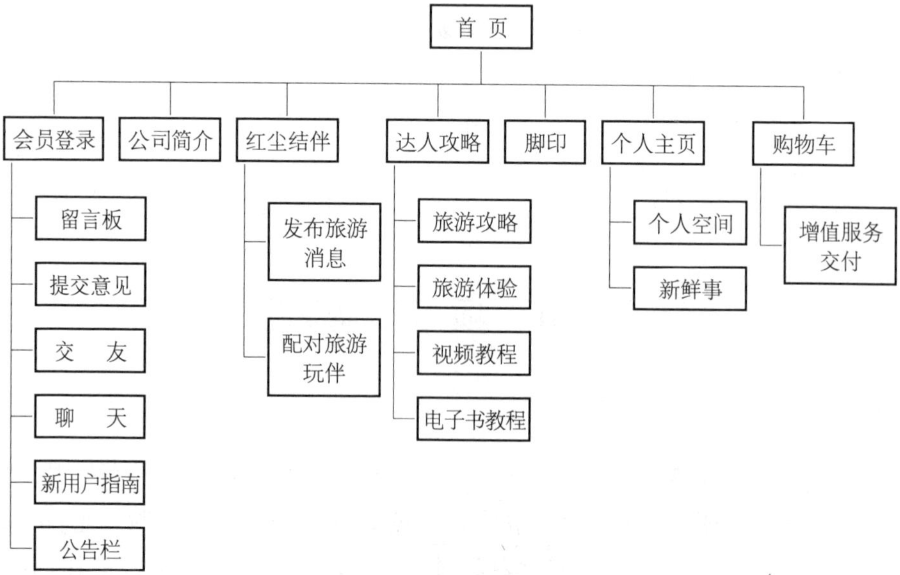

图 14－1 网站结构图

14.1.3 客户端功能结构图

客户端功能结构如图 14－2 所示。

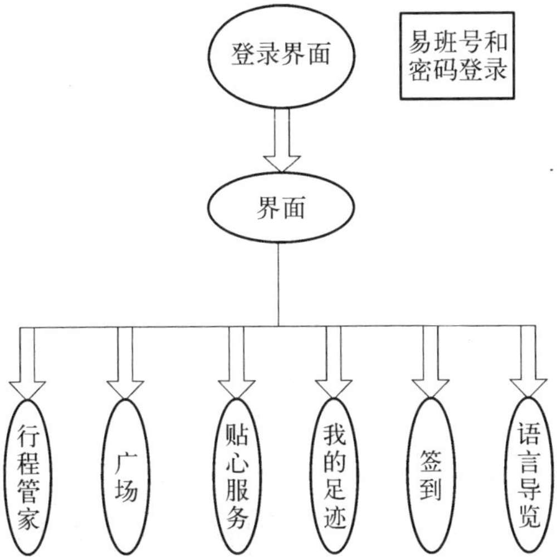

图14-2 客户端功能结构图

14.2 商业模式

14.2.1 运营模式

1. CMC——新型的电子商务模式

本项目采用新的电子商务模式——CMC,其中C表示个人,M表示信息。它的价值就在于有效信息的传播,由此带来的大量的客户,说得简单一点M就是代表了用户。但是为什么说M代表用户呢?从腾讯、Facebook等公司得到的启发,类似这样的公司,首先是信息交流的手段,而后得到用户,再有随后的其他业务。而用户真正感兴趣的是信息。在CMC的这种模式中,主要突出了基于信息传递和获得的个人对个人的电子商务手段,而这个手段能改进C2C的交易模式,使C2C的交易更加易于让人接受,并且能广泛推广。

红尘结伴网,提供大量的大学生结伴旅游信息,包括高校结伴、旅游资讯、旅游攻略等,能够吸引大量的上海高校大学生的关注。红尘结伴游移动客户端在用户旅行时能帮助用户记录并分享各类信息,包括行程计划、旅行游记、周边信息查询等。CMC有着C2C模式与SNS模式的双重特性,通过把基于UGC所产生的信息真正转化为盈利性的产品,最终形成交友+C2C+搜索的盈利模式。

2. 网站与移动终端相结合

首先移动客户端的优势包括展示产品、推广、即时保存性等。移动客户端针对的更多的是碎片时间，我们一天的碎片时间有很多，如坐车、吃饭、游玩等，网站与手机客户端相结合直接锁定了用户的一天旅行的行程，再加上智能手机的普及，发展的前景非常之大！未来，如果能进一步与SP商合作可以得到流量分成和定制服务分成等。

根据前期调查分析，我们发现驴妈妈、拼途网这些知名旅游网站更为偏重网站建设，但事实上旅行在外，移动客户端才能更好地为用户提供服务。正因为如此，我们创新性地将结伴旅行分为三个阶段：旅行前，用户通过网站寻找到合适的旅游玩伴，进行线上和线下的交流；旅行时，用户可以使用我们的移动客户端享受实时服务；旅行结束，用户可以通过网站付费获得增值服务，继续和游伴进行交流、分享。

3. 差异化的市场推广策略

根据前期的市场调研，携程网主要目标群为商旅客户和休闲旅游客户；去哪儿网和芒果网对20—35岁的年轻人有吸引力；驴妈妈的受众广泛，主要为自由行游客；途牛旅行网主要为白领阶层。由此可见，虽然如今各种旅游网、结伴网层出不穷，但大都是面向全社会，而特别针对大学生这一群体的还未出现。大学生旅游需求旺盛，我们红尘结伴网通过细分市场，找准市场定位，避开了目前一些知名旅游网站的锋芒，巧妙地采用了更具偏向性的推广策略。

4. 基于SNS的客户端

以往的调查研究显示，良好的互动氛围可以极大地增强用户黏性，基于SNS的移动客户端的开发正是为了充分挖掘了当代大学生的社会属性。根据当代大学生对交友社区的整体偏好性，红尘结伴游网站搭建了其相应的移动客户端，进一步增加用户黏性。

5. 用户评价体系

在结伴旅行完成后，网站会邀请结伴双方对本次旅行情况进行评价、予以打分，打分项目包括总体满意度、服务满意度、路线满意度、景点满意度、食宿满意度等。

利用这些反馈的信息，我们可以进行如下评估：一方面，用户可以更直观地感受到网站增值服务的质量，促进其购买欲望。另一方面，路线满意度、景点满意度、食宿满意度等作为宝贵的旅游经验为后来的消费者提供参考信息。最为重要的一点是，基于UGC(用户生成内容)的旅游攻略未来更是我们盈利模式的重点发展方向。

14.2.2 盈利模式

关于网站的收入来源，在不同阶段会有不同的盈利模式。

前期，网站处于快速成长阶段，在这段时间内将逐步积累大量用户，收入主要包括增值服务费（包括电子书 show 设计、个性 DV 设计费）、网络广告费等。后期，网站逐步趋于成熟，大量用户在结伴旅游的过程中，分享更多旅游体验，以基于 UGC 的旅游攻略为主要产品的旅游社交与点评平台进一步得到发展。

1. 增值服务收入

DV 设计、电子书 show 设计是由工作人员用专业的技术及诚挚的心意为目标客户打造的最具个性及意义的旅行服务。用户只需提供完整必要的图片和文字素材资料，我们工作人员将根据客户需要及实际应用为客户量身定制旅行纪念作品。

2. 页面广告收入

页面广告是所有网站最基本的盈利方式。用户带来的巨大的流量让红尘结伴成为一个很好的广告展示平台。通过将网站中重要的 Banner 广告位和 Flash 广告位对外销售，从而实现盈利。网络广告服务的服务对象包括：旅行社、景点、旅行用品商店等。

3. 旅行攻略收入

就目前的市场分析，旅游目的地的挖掘不够深入。综观旅游产业现在开发最好的是酒店、机票。酒店、机票是以前传统互联网就可以做的，在 web2.0 时代，旅行网站可以更多地考虑挖掘目的地的消费，用户到了目的地以后随意性比较大。现在红尘结伴通过基于 UGC 的旅游攻略，把用户的目的地消费挖掘出来。这样就能真正做到把基于 UGC 所产生的信息即时转化为盈利性的产品。

旅游攻略可以潜移默化地给用户目的地的消费造成影响。这样一种通过旅行攻略“撮合消费的形式”可以做到既给商家带来消费利润，又让用户享受到实惠。

14.2.3 管理模式——实名认证制

在传统的会员管理机制的基础上，为了进一步提高结伴出游的安全性和可靠性，红尘结伴的会员注册与易班相连。易班是目前上海市教委积极推广的实名制大学生社交网站。红尘结伴多了这层实名认证制的安全体系，就能保证我们网站用户是上海市各大高校的在校大学生，做到尽可能地避免大学生与社会人士出游带来的安全风险。

14.2.4 技术模式—— AR技术

AR(Augmented Reality)——利用计算机生成一种逼真的视、听、力、触、动等感觉的虚拟环境，通过各种传感设备使用户“沉浸”到该环境中，实现用户和环境直接进行自然交融。

AR展现的特点主要包含两方面：

(1) AR的优越性体现在实现虚拟事物和真实环境的结合上，让真实世界和虚拟物体共存。

(2) AR实现虚拟世界和真实世界的实时同步，满足用户在现实世界中真实地感受虚拟空间中模拟的事物，增强使用的趣味性和互动性。

AR技术主要运用在客户端中的我的足迹、行程计划、周边信息查询等功能模块。

14.3 项目介绍

14.3.1 网站建设宗旨

如前所述，如今各种旅游网，结伴网层出不穷，但大都是面向社会，并没有特别针对大学生这一群体的。大学生旅游需求旺盛，随之而来的安全问题是他们决定是否结伴出行的首要因素，同行者若同为在校大学生，那么出行的安全性，旅途的趣味性都将大大提高。为了满足目前大学生结伴旅游市场的巨大需求和填补自助游市场移动平台的空白，我们设想用电子商务的方式为上海各高校学生提供结伴旅游服务——创建一个大学生的结伴旅游平台，同时搭建相应的移动客户端。打造一个微世界，微距离，大学生出门在外总有伴的全新“互联网—旅游”体验服务平台。

红尘结伴网，是时尚的自助结伴旅游网站，网站集结伴旅游(结伴同游、结伴旅行)及旅游交友功能于一体，在这里您可以搜索和发布结伴旅游等信息，结识新朋友，相约游红尘！

14.3.2 定位与总体目标

如前所述，红尘结伴网定位于客户服务型，在开创一个平台的同时，提供很多服务机制,包括免费服务和盈利性增值服务,并且充分发挥移动客户端的便捷作用,符合年轻人的上网习惯。

网站总体目标是首创基于 CMC 的新电子商务模式、并与移动客户端相结合的,面向上海高校学生的结伴自助游平台。我们建设红尘网的目的即为满足大学生安全结伴游这个市场,为其提供一个交流平台,并享受相应免费服务和盈利增值服务。

14.3.3 平台的页面风格

为了体现结伴游服务产业的青春活力和主体消费群普遍年轻化的特点,本平台的整体色调将选择明亮色系,给来访者以眼前一亮的视觉冲击。

另外,因为平台主打的交流社区不同于其他网站,不以操作、装备等技术流为主,而是强调有如家一般的温馨,不是个人的独闯天涯,而是一群人的携手共进。所以为了迎合这个出发点,社区等模块的颜色将以暖色调(多为暖黄、橙、紫、绿、粉)为主,烘托温情气氛。

14.3.4 网站功能规划

(1) 红尘结伴:按高校搜索玩伴,结伴出游。与已有的结伴旅游网相比,我们的网站用户只定位为上海各高校的学生,因为注册号为易班号,所以网站用户均为高校学生,按高校搜索玩伴,出行安全将会大大提升。

(2) 达人攻略:提供新奇旅游资讯、特色达人攻略,把大学生用户从海量的信息中解放出来,为他们呈现少数人眼中的旅行印象,同时让他们在体验的过程中,轻而易举地获得解决旅行度假等问题的好点子,获取性价比的最高层面。

(3) 脚印:用户分享旅行感受的平台,同时也是我们网站增值服务的展示平台。红尘结伴提供后期增值服务,包括 DV 设计、电子书 show 等个性化服务,我们有专业技术团队,为用户提供人性化、个性化服务,打造属于不同用户的独一无二的增值服务,公开化、透明化的评价系统,真实分享用户结伴旅行感受,为新成员提供一定的参考信息。

结伴旅游创新平台的网站设计如图 14 - 3 所示。

14.3.5 移动客户端功能规划

(1) 行程管理:提供以移动终端为基础的旅游行程计划服务。

图 14-3　网站首页效果图

(2) 广场：提供移动客户端的好友交流平台。

(3) 贴心服务：提供包括天气等个性化的安全贴士即时推送服务。

(4) 我的足迹：基于LBS，随时随地写游记，并能即时分享到SNS平台。

(5) 签到：定位查询，提供周边实用信息。

(6) 语音导览：手机具有定位功能，客户端能自动感知游客所在景点的位置，及时播放该景点解说词。

结伴旅游创新平台的移动客户端页面如图14-4所示。

封面界面　　登录界面　　主界面

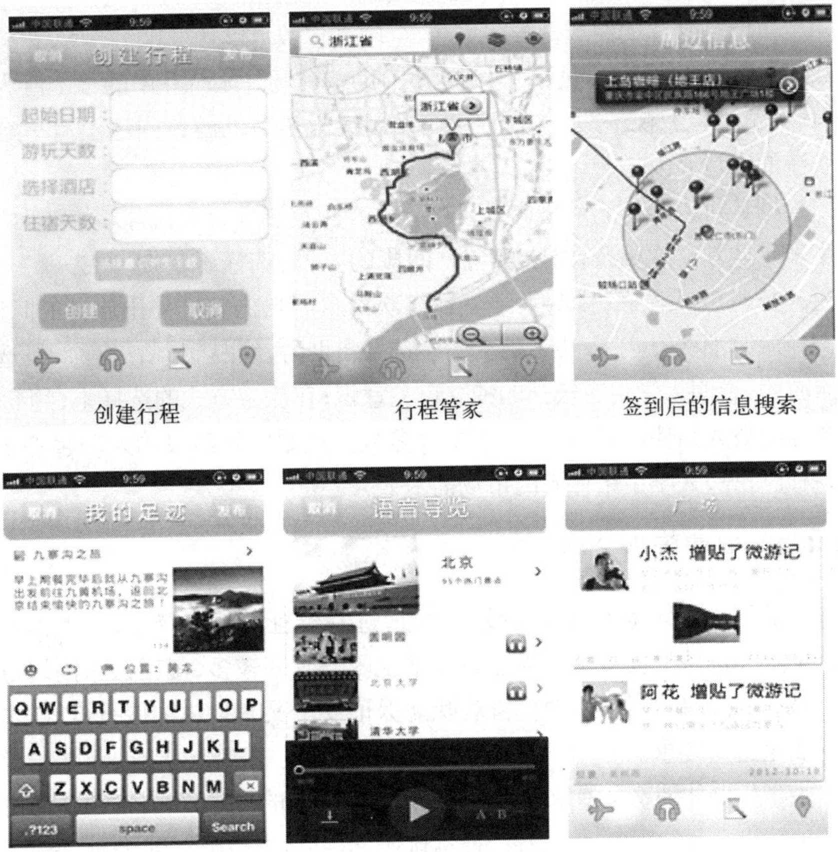

创建行程　　行程管家　　签到后的信息搜索

我的足迹　　语音导览　　广场

图 14-4　移动客户端页面

14.4　市 场 分 析

14.4.1　市场状况分析

近年来中国旅游行业发展迅速,国内生产技术不断提升。国内企业为了获得更大的投资收益,在生产规模和产品质量上不断提升。但是国际金融危机、外部政策环境恶化、相关行业发展受限等众多不利因素使得旅游行业需要不断寻求其突破点。

大学生作为崇尚自由、追求个性解放的代表性群体之一,有着一定的知识水平、经济独立能力、自我生活能力以及相对宽松的时间，成为自助游市场的一个重要且独立的组成部分。如今，全国高校数量已达 2 000 多所，在校生人数超过 3 000 万人，可见，中国大学生自助游市场是旅游业中的一个巨大市场，其地位不容忽视。然而，旅游业在发展大学生自助游方向还没有一个完整系统的市场开发措施。

根据针对大学生的网络调查，我们得知，在旅游意向上，有接近 95%的大学生表示非常喜欢旅游；对于旅游时间段的安排，选择不定期，想去就去，占了总人数的 56%左右，说明大学生都喜欢由自己自由安排外出旅游的时间；在选择旅游消费方式上，更多的大学生选择自助游，约占 51%，只有 28%选择跟旅游团，说明大学生有较强的独立自主意识；在旅游方式的选择上，约 52%选择与同龄人结伴出游，表示大学生大多数喜欢跟同年龄段的人一起外出旅游，就此可见，大学生结伴游的市场需求很大。

14.4.2 消费因素分析

产品消费群体是上海各高校学生，通过易班互动社区登录，很大程度上保证了产品消费的安全性。当今高校学生闲暇时间较多，渴望去不同地方体验、游玩的需求越来越多，他们喜欢既能保证安全又有自由的旅行方式，本平台能满足这些要求。

大学生群体消费是追求新颖、潮流、个性、自由的，本平台针对这些特征推出几项较为别致的服务，如按高校搜索玩伴、提供新奇旅游资讯、提供后期增值服务(DV 设计、电子书 show 等个性化服务)等，充分迎合大学生消费观念。

14.4.3 SWOT 分析

本项目的 SWOT 分析如下表 14－1 所示。

表 14－1　SWOT 分析

优势(Strengths)	劣势(Weaknesses)	机遇(Opportunities)	威胁(Threats)
首创大学生结伴旅游平台	没有像携程一样的庞大客户群和被广泛认可的服务能力	大学生的潜在旅游客源市场庞大	现存旅游门户网站，例如同程、驴妈妈、途牛、携程、艺龙的竞争威胁
移动互联网技术	平台知名度低	理性消费观念	新入者的竞争威胁

续　表

优势(Strengths)	劣势(Weaknesses)	机遇(Opportunities)	威胁(Threats)
首创语音导览功能	盈利模式尚未完善	移动客户端的快速发展和普及	
首创基于CMC的电子商务模式	发展前期网站流量低		
提供增值服务			

对于我们的平台，在发展前景方面需关注如何提高网站浏览量与知名度；如何确保自己的服务水平与信誉度，进而提高自己在同类网站中消费者对于我们的认可度，以此来提升我们网站的形象；由于初入网站市场，应适当与其他网站进行合作，赚取相应合理的利润与市场，并迅速积累消费群体，尽快让自己被广大消费者认可，树立属于自己的特色服务，以达到推出自己品牌的目的。

14.4.4　竞争分析

1. 主要竞争对手分析

结伴旅游创新平台的主要竞争对手如表14－2所示。

表14－2　主要竞争对手分析

竞争对手	携程网	去哪儿	驴妈妈	芒果网	途牛旅游网
目标客户	商旅客户和休闲旅游客户	20—35岁的年轻人	休闲旅游客户	年轻人	白领阶层
盈利方式	主要是抽取佣金	收取品牌广告费，根据点击率进行收费	提取佣金，收取会员费、广告费	提取佣金，收取广告费。通过客户的联络中心为他们提供和制作产品，提供个性化服务	卖旅游线路获利
商业模式	在线旅游服务商的典型代表，处于产业链的中上游	在旅游提供商与消费者之间搭建起一个平台	以景区分销和精确营销为主的旅游电子商务网站，是一个第三方平台	服务模式为“网站＋电话客服中心”	主要是走差异化道路，致力于旅游线路和旅行社资源整合

综合来看,在线旅游行业主要有以下三种模式:(1) 传统在线旅游预订网站——主要为用户提供机票、酒店的预订服务,以收取佣金为主,属于航空公司、酒店的分销渠道。(2) 旅游点评网站——主要为用户提供酒店和目的地点评参考,为旅行者提供开放性的分享平台,增加用户互动和访问量,以收取网站媒体广告为主,属于航空公司、酒店直销平台。(3) 旅游比价搜索网站——主要为用户提供垂直搜索服务,以收取网站媒体广告为主,包括酷讯网等。用户通过"比价搜索"来选择服务提供商,使得旅游产品的价格更为透明。

2. 竞争优势

经过前期市场调研分析我们发现驴妈妈、拼途网这些知名旅游网站用户界面不够友好,并且内容挖掘深度不够,最重要的是他们更为偏重网站建设,但事实上旅行在外时,移动客户端才能更好地为用户提供服务。

由于面向的消费群体不同,同行的竞争激烈程度不大,本平台专门针对上海高校学生,为满足其消费需求而建立的较个性化的平台及客户端相结合的模式。

总之,处处有竞争,未来谁能以更透明、更灵活、更有活力的服务去迎合消费者的要求,谁就能抓住市场机遇。

14.5 财务分析

14.5.1 初始投资(创办成本)

以公司前三个月的资金投入计算项目初始投资额,初期成本 1 000 000 元,如表 14-3。

表 14-3 创办成本分析 单位:元

项　目	支付对象	金额
网站及客户端建设费	外包公司	700 000
网络资源费	域名注册、主机空间、宽带	5 000
办公设备费	办公场地、软硬件设备	120 000
工资	2名工作人员的前三个月的工资	18 000

续 表

项　目	支付对象	金　额
宣传费		100 000
水电费		1 000
交通费		1 000
通讯费		1 000
其他		54 000
	估计全部创办成本	1 000 000

14.5.2 收入预估

表14－4是对未来五年的收入分析。

表14－4 未来收入分析　　单位：元

收入项目＼年份	第一年	第二年	第三年	第四年	第五年
页面广告	5 000	80 000	150 000	450 000	850 000
增值服务	5 000	20 000	30 000	100 000	250 000
衍生产品（旅行攻略）	—	—	20 000	150 000	500 000
其　他	—	—	待发展	待发展	待发展
总　计	10 000	100 000	200 000	700 000	1 600 000

14.5.3 盈利能力

(1) 第一期(第一至第二年)盈利点——主要通过增值服务实现收入。网站第一期的影响力较小,盈利能力在初期增长阶段,网站以维持运营为主。

(2) 第二期(第三年)盈利点——主要通过页面广告实现收入。第二期广告投放量增加,网站广告收益大幅度上涨,网站的大部分财务收入通过页面广告来实现,利润快速增长。

(3) 第三期(第四至第五年)盈利点——旅行攻略。红尘结伴网站第三期盈利点是基于UGC(用户生成内容)的能够挖掘用户目的地消费价值的旅游攻略。运用消费者心理学，在旅行攻略中植入广告，进行消费暗示，吸引网站用户把我们攻略中所提到的旅游胜地、酒店、商家作为旅游选择考虑的对象。

14.6 总　　结

任何一个项目的成功，都会经历各种各样难以预料的问题和困难，作为团队，我们会付出自己所有的激情，将项目做好，更好地去服务学生，服务社会。目前红尘结伴平台还在起步阶段，我们还有很多地方需要改进和完善。以下便是我们未来需要改进的地方。

(1) 丰富内容。继续增加和挖掘大家感兴趣的内容，比如校园内很多同学喜欢骑自行车去旅行，我们会根据这个需求建立一个版块，喜欢骑行的同学们便可以在这里结交更多志趣相投的朋友。

(2) 功能完善。同一个版面看的时间太久会让大家产生视觉疲劳。我们会根据这一特点定期改变论坛的版面，以及关注和学习其他高校或有名论坛的版面，打破常规的旅行网站的模式，以提供更好的结伴旅行服务。

(3) 扩大营收。在项目进行中，论坛可以依靠项目资金来维持其发展。但是我们现在要做的是让网站自己有造血功能。我们计划多和商家合作，从中赚取广告费让论坛能长远地发展下去。当然，我们要求商家所提供的广告要在符合法律的前提下对我们在校学生的学校生活有一定的帮助。

(4) 增强推广。虽然我们的模式很容易被模仿，但为使更多的学生获得更好的服务，我们应该将它推广出去，以便更多的论坛结合自己的特点来完善。

指导老师点评

随着互联网的不断发展，人们对生活的诉求越来越多地通过网络来实现。通过网络平台结伴旅游，让大学生的生活变得更加丰富多彩。心饰小组的成员们敏锐地发现了这个大学生旅游市场的巨大空白，即在传统旅游市场上，学生往往被看做弱势群体，没有一起出去旅游的玩伴。于是大学生红尘结伴游应运而生。通过互联网让互不认识的大学生因为旅游而走到一起，可以产生很多共同的话题，同时在网站上还能分享一些旅游的经验、游玩的心得，并且网站还通过推出后期增值服务，不仅帮助学生们记录这一刻美好的时光，同时还能通过平台分享给更多的朋友们。可以说红尘结伴游的模式是一种创新，同时也是一种市场的诉求。

在写创业报告书的初期，团队成员们都积极进取，集思广益，对于大学生红尘结伴游定位进行了不同的分析，最后经过讨论将其打造为一个贴近 SNS 社交模式的结伴旅游网站，含有分享、信息发布等功能。随着对项目不断地细化和分析，队员们开始想着如何让网站在服务的同时，自主地产生一些利润，来维持网站的日常运作和维护。通过市场调查和分析，以及网上投放问卷等形式，了解到在大学生中，还是有很大一批人愿意把自己路途的见闻和图片，做成可展示的作品，之后可以经常欣赏的，但是苦于自身对于照片处理视频剪辑等的知识缺乏而无从下手。正是找到了这一个突破口，团队成员们分析了市场目前对于这块的需求，将其作为项目的增值手段，创造利润。

大学生红尘结伴游这个项目最大的亮点在于，CMC 的新电子商务模式。CMC 是 C2C 的一种衍生模式，M 代表 messege，它的价值就在于通过有效信息的传播带来的大量客户。CMC 有着 C2C 模式与 SNS 模式的双重特性，最终形成交友＋C2C＋搜索的盈利模式。红尘结伴网，提供大量的大学生结伴旅游信息，包括高校结伴、旅游资讯、旅游攻略等，这些都是非常有效的信息，能够吸引大量的上海高校大学生的关注。红尘结伴游移动客户端在用户旅行时能帮助用户记录并分享各类信息，包括行程计划、旅行游记、周边信息查询等。CMC 有着 C2C 模式与 SNS 模式的双重特性，通过把基于 UGC 所产生的信息真正转化为盈利性的产品，最终形成交友＋C2C＋搜索的盈利模式。

通过这次的比赛，团队成员们大都对创业初期有了一定的认识，同时对于编写创业策划书多多少少都有了一定的基本概念。每个人对于创业都跃跃欲试。在社会的大环境下，大学生创业是值得鼓励和支持的，目前国家和政府都有不少针对大学生创业的孵化基地等，为大学生的创业成功创造了很好地环境。一个项目的成功与否，关键在于学生发现问题、解决问题的能力。通过比赛，队员们对于问题的剖析和处理能力有了极大的提升，在整个比赛的过程中，也让我们看到了“90 后”对于科技的追求以及激情。

全国大学生电子商务“创新、创意及创业”挑战赛为学生们发挥自身潜能提供了一个广阔的舞台，让参赛同学在整个比赛中主动去获取创业知识、收集市场信息、培养创新能力、提升自身综合素质。希望在校大学生有机会都可以多多地参加此类比赛，在比赛中成长，在比赛中培养技能，在比赛中获得友谊。

15　I 果派生活馆

参赛团队：上海海洋大学　五虎将团队

参赛队员：许云岚　李世衡　周璇　李昕

指导老师：管红波

获奖情况：上海市大学生网络商务创新应用大赛二等奖

关键词：B2C　生鲜水果　绿色健康　电子商务

15.1　项目概要

15.1.1　项目描述

以网络为媒介，以水果为核心，辅以进口零食饮料，面向全国消费者，以创意和优质服务为特色，打造全国健康饮食引导消费型 B2C 商城及信息服务平台。再进一步开拓市场，做高端水果礼盒品牌网上定制的创新电子商务模式。

15.1.2　项目特色

把传统的水果店搬上互联网商城，用户不用注册就可直接购买。采用一些创意的营销和经营策略，提供特色的服务，包括网上订货、电话订货、短信订货、微信订货、送货上门、包月水果套餐等。本项目还能创造就业机会，提供兼职职业。

15.1.3　项目指导思想

本项目主打健康理念，契合全社会健康、低碳、环保的理念；着力降低生活成本,节省开支,给消费者带来健康方便的水果购买渠道。

15.2 市场分析

15.2.1 需求分析

(1) 市场需求：越来越多的消费者开始在网上购物,水果网购是大势所趋。

(2) 创业者的需要：进入门坎低,很小的投入就可以经营。

(3) 新颖的销售方式：网络、电话、微信、短信全渠道的订货支持,方便快捷。

(4) 多样的服务项目：送货上门、套餐预订、混搭水果餐,网上发布水果信息,帮助确定各种水果的特征和适合食用的人群,引导健康消费。

(5) 水果的购买状况和消费者的心理：没有空余的时间用来购买水果。市场水果太贵、不够新鲜。

(6) 庞大的市场：以较近的临港大学城为例来分析,临港大学城4万人,如果每人每月20元,则每月有80万的市场。

15.2.2 竞争对手分析

果派生活馆的竞争对手分析如表15-1所示。

表15-1 果派生活馆的竞争对手分析

竞争者	优　势	劣　势
水果店及超市	有极大的客户分流	价格高并且水果不一定新鲜
综合型超市	具有卫生和明码标价特点	水果不是主营业务,水果品种不多,价格也不占优势
农贸市场	价格便宜	水果可能会不太新鲜
游商小贩	没有租金成本,价格低	水果经常有缺斤少两、以次充好的现象,水果质量无法保证
现有网上水果商域	方便快捷	价格昂贵不适合普通人群
追随者	和我们有相同的优势	在礼盒定制方面没有问津者

15.2.3 SWOT分析

果派生活馆的SWOT分析如表15－2所示。

表15－2 果派生活馆的SWOT分析

优势(S)：专注于水果，更能保证水果价格、质量和服务；支持网上、短信、电话订购，随时随地购物；品牌形象好，附加价值高；售后服务好，无条件退款。	劣势(W)：水果不容易保存容易滞销；大多数消费者还不是很能接受生鲜电子商务。
机会(O)：水果网上零售目前没有占很大的市场，有很大的发展前景；有不同于别家的特色——即将登场的高端水果礼盒品牌网上定制；独具特色的水果网站。	威胁(T)：在消费者心中建立一定的品牌知名度并不容易；竞争力不足而无法争取到足够客户。

15.3 产品分析

15.3.1 产品背景

随着社会的快速进步，经济的不断发展，人们的生活水平也在提高，特别是对营养更为注重，而水果已成为日常生活中必不可少的食品。每种水果都含有不同类型的维生素，从健康角度来说，不同维生素的合理搭配及相互补充可以更好地促进人体新陈代谢，有利于身体健康，反之搭配不合理也会造成副作用，所以在食用时须有科学的选择，如：樱桃菠萝杨梅和梨可治糖尿病，灼烫宜食用柿子和橘子，流感虚寒吃葡萄，健胃补脾吃红枣，润肺乌发用桃核，肺气喘吃枇杷，化痰则需要吃生梨柑橘等。

大多数消费者只知道水果具有保健作用，但并不清楚各种水果的具体功能，也没有意识到不同类型的人适宜吃何种水果，买时具有很大的盲目性，而这种盲目性则不利于食用者的身体健康。针对这种状况，我们将请专业人员专门对这些水果进行分类归总，并合理地搭配，搭配出人们所需求的营养，以便消费者购买。

15.3.2 产品特点和创新

水果品质：我们将选择高品质、高营养、多品种的水果。水果功能：

以保健为主，以时尚为辅。保健方面：根据顾客的需求，由营养师专门指导来自由搭配营养水果；根据市场的需求，有针对性地搭配出其所需要的营养水果，如瘦美人（草莓搭配猕猴桃等）。时尚方面：孕育着不同的时尚气息。如：送给恋人——情意绵绵礼盒（百香果搭配莲雾等），送给师长——福寿安康礼盒（火龙果搭配香蕉等），送给病人——早日康复礼盒（山竹搭配苹果等）。

15.4 商业模式

15.4.1 战略目标

掌握临港新城这个新兴市场的整体情况，积累实战经验，以便在以后的发展中开拓更广阔的市场，从小区域做到全国，从水果网上零售做到高端水果礼盒的独家销售。针对临港大学城网络水果市场的空白，开展网络水果零售。在进一步发展的过程中，以水果礼盒网上销售创新的商务模式，发展为面向全国性的高端水果包装礼盒品牌网络定制模式。

15.4.2 目标客户

我们的目标客户最初仅仅是临港小区域的大学生消费群体，在未来的发展中我们将拓展到全国的消费者。

15.4.3 网站建设

针对水果的商品发布模块：新闻模块，采集和发布水果新闻、健康咨询，支持图文混排和新闻引用。留言系统，显眼的留言板，包括投诉回复，支持图片和链接。联系方式放在显眼的地方。投票调查系统，站长统计工具，可以分析访问者的IP地址，进入站点的方式，访问人流在时间上的分布。商品浏览、购物车、支付、评价，采用淘宝一套解决方案。大客户服务模块，面向批量订购以及事业单位。信息服务模块，以广告的形式发布外卖等信息。货到付款的支持，类似京东商城。短信模块，集成短信购物、短信订单回复功能，例如要订购一斤苹果送到第一教学楼，则发送“苹果，1斤，第一教学楼”，没有地址信息，则回复确认信息，并且送货到默认地址。

15.5　市场营销

15.5.1　销售模式

传统外卖的形式：网络、电话、短信订购，从仓库送货上门。

校内套餐代理送货服务：校内设学生总代理，总部统一定时供应水果至校内，由代理配送分发，送货上门。

15.5.2　营销活动

基本原则：打健康牌，维持品牌形象。

套餐活动：每日一元包月套餐；每日两元包月套餐；混搭套餐；单一套餐。

流量即客户：营造尽可能多的机会让客户知道网站、访问网站，人气高了自然会有销量。

口碑营销：制造尽可能多的水果话题，提供优质服务，通过客户口口相传造成口碑效应。

轰动效应：通过闪电送货、超低价格促销造成轰动效应。

创意营销：二维码海报寻宝；扫描二维码，赢惊喜！

无孔不入：将水果商品信息以短信、微信等方式提供给学生；将商铺外卖电话，做成宣传小册子，发放到每个宿舍（同时还能得到各合作店铺的广告费）；一次性消费超过十元享受去零优惠；承诺上门送货的水果绝对优于一般海选；支持议价功能。

年度最好的校园兼职：对于能提出建设性意见，并帮助提高业绩者奖励千元现金。

15.5.3　品牌策略

高价定位，但是加上阶梯计价（团购）和各种优惠活动，实际让消费者付出的价格很低。既不让客户产生便宜没好货的印象，保住了品牌形象，又让消费者得到切实的实惠，同时防止其他商家恶性竞争。

15.5.4　服务策略

人无我有，人有我优，人优我新，人新我专，做好服务的每个细节，尤其是售后投诉处理。适度开展礼品赠送：比如购物满100元送水果刀，满200、300、400元送相应等级的礼品。

15.5.5 广告策略

传单设计：公司简介，正面突出服务特点，水果与健康，背面水果种类和条码购物，特价水果和特色水果。传单印刷：联系性价比高的印刷公司长期合作。传单分发：学生兼职付费到宿舍、活动区分发传单。校庆日分发传单以及水果及传单派发活动。

15.5.6 媒体

网络广告、广播、Wifi、手机、电视等。

15.5.7 加盟推广策略

拓展业务范围及加盟管理事业推广。在上海各大学城铺点，探索新的商业模式。

15.5.8 市场前景和扩张计划

业务扩大：增加水果销售种类，包括干果，现榨果汁，果蔬混合饮料，水果色拉。增加业务范围包括门户网站，综合购物，地域性服务，区域社交功能，广告服务，团购服务。开设格子铺商店和网店。

市场扩展：在上海乃至全国建立一个独具特色的高端水果礼盒品牌网上定制模式，以及下一步要进行的高端水果礼盒品牌定制的商务创新模式。

探索新的商业模式：与各单位食堂合作供应水果，开发一卡通与电子秤结合的便捷水果销售终端。与医疗保健单位合作推出健康新理念，高端水果礼盒的品牌定制，限量分期定制模式。

15.6 财务预测

项目运行对资金需求伸缩性较大，节省成本可以降低失败风险，但投入过少则可能降低运作质量和效益，间接增加失败风险。为此，本项目资金需求状况决策是：短期内投入成本和回报率取最优化，以效益确定资金投入规模。固定投入方面因为选购的产品和服务的质量高低不同而有很大变化区间，活动资金也会有很大的活动范围，在此列出资金需求仅做参考(参见表15-3)。

表15-3　财务预算

项　　目	数量	单价	总价	使用年限	3月后折合价
域名备案	1～3	135元	270元		
淘里淘外		4 980元	4 980元		0元
电动车	2	1 000元	2 000元		
域名备案	1	135元/年	135元		
网站建设	1	4 980元	4 980元		
电动车(二手)	2部	3 000元左右	6 000元		
条码秤	1	1 000元	1 000元		
短信猫(单通道)	1	150元	150元		
条码扫描枪	1	700元	700元		
打印机	1	800—1 000元	800元		
银联移动POS收银机	1	2 000—3 000元	2 000元		

15.7　总　　结

临港新城位于上海市东南海岸，兴建于2003年，是21世纪上海重点发展的三个新城之一，因其优越的地理位置和良好的生态环境，将被打造成集重工业、物流中心、生态旅游、环保人居各项功能于一体的现代化、综合型城区。开发规划也欲通过实施“人类全景健康计划”，将临港新城打造成为“世界健康之都”，临港地区的居住环境、饮食标准和医疗保健等也将以健康为核心。

至2011年为止，临港新城已经初具规模，各种公共设施建设基本完善，可以感受到一个现代化都市的生活气息。现已有三所大学迁址到三环外的大学城，约有4万大学生构成港城常住居民的中坚力量。

最后，我们的梦想是做高端水果礼盒第一品牌。从源头抓起，用最优质的当季水果，在保证健康、绿色品质的情况下，用高端礼盒设计带给收到礼盒的顾客最大的惊喜和健康。用饥饿营销、量身定制、产品限购、独一无二的预订模式提供给购买者最优质的享受。情人节、圣诞节、儿童节、春节、中秋节，各个节日有不同的礼盒代表不同的意义、不同的承诺，通过礼盒来传达送礼人最真诚的心意，而且限量提供。

高端水果礼盒品牌网上定制：我们为您亲手打造一份最诚挚的心意，独一无二的设计理念，子女送给父母的健康长寿，幸福美好；爱人互送高端水果礼盒表达最实在最质朴的那份心意，健康而又美好。我们赋予水果不同的含义，比起一些华而不实的昂贵礼品来说，水果礼盒有更大的市场价值和社会效益。

我们期望以临港新城这个新兴市场为基地，以校园创业为起点，在培养创业意识和提高创业能力的同时，努力从小区域做到全国，从水果网上零售做到高端水果礼盒的独家销售。

指导老师点评

水果的网络销售逐渐为人们所接受，天天、易果、菜管家等逐渐进入人们的视线，网络卖水果，卖的不仅仅是水果，而是科技与品牌。随着手机微信的兴起，移动互联网又成为新的渠道。项目团队通过自己的尝试与创新，体验了水果的互联网销售，是一个不错的水果电商解决方案。期待在后续中，能结合新技术和产品开发，为用户提供更优质的产品和服务。

该项目计划书对于市场营销的策划比较详细，但对于财务的计划和预测显得比较薄弱。电子商务企业诞生很快，但淘汰也很快，重要的原因之一就是对电子商务运营的财务问题没有清醒的认识。这是大学生电子商务创业时必须注意的。

16　关爱之家老年人系统平台
——基于网络的家庭养老

参赛团队：东华大学　关爱之家团队
参赛队员：钱智尧　徐迎迎　王宗炜　张　静　臧家明
指导老师：陈梅梅　刘峰涛
获奖情况：全国大学生网络创新应用大赛二等奖、上海市大学生网络商务创新应用大赛一等奖
关键词：家庭养老　需求决定供给　公益创业

16.1　项目概要

16.1.1　项目背景

根据相关部门统计，截至 2012 年 12 月 31 日，上海市户籍总人口 1 426.93 万人，其中 60 岁及以上老年人口达 367.3 万人，占总人口的 25.7%，100 岁及以上老年人 1 251 人，比去年增加了 95 人，增幅达 8.2%。

据专家预测，到 2030 年，上海户籍老年人口将达到 500 至 600 万的峰值，社会养老服务面临巨大压力，老龄化加速正在成为影响上海经济社会健康发展的严峻社会问题。然而，无论是目前政府或个人所提供的养老服务，还是今后所能提供的服务，都存在着数量少、品种单一、供需不对称等突出问题。

随着生活水平的提高，老年人的养老问题日益突出。老年人已不满足于物质生活的满足，越来越追求身体健康，心情愉悦，并希望能够更多地接触社会，融入新时代的生活。

16.1.2　现今养老服务问题

随着社会经济的发展，养老事业也开始进入人们的视野，除却传统的家

庭养老模式，社区养老与社会养老（主要指养老院等机构）也日益兴起。然而，养老事业兴起的背后，却存在着诸多的问题。

1. 养老保障尚未完全覆盖适龄老人，许多老人仍面临无钱养老

数据显示，2012年上海的养老保障水平有所提高，60岁及以上老年人领取城镇基本养老金的人数共计249.07万人；领取小城镇养老金的人数共计37.53万人；领取新型农村社会养老金的人数共计37.33万人；领取征地养老补贴的人数共计15.96万人；领取城镇居民养老金的人数共计5.07万人；获得城镇最低生活保障金的人数共计0.80万人；获得农村最低生活保障金的人数共计0.90万人；村五保老人数共计0.30万人。不过，仍有5%左右的老人没有养老的物质保障。

2. 养老服务远不能满足日益增长的养老需求，许多老人仍面临无处养老

在养老服务方面，目前，全市共计养老机构631家，床位数共计105 215张，其中2012年新增5 891张；老年人日间服务机构共计313家，服务人数共计1.10万人；社区助老服务社共计231个，服务人数共计27.20万人，其中享受养老服务补贴的人数为12.60万人。很显然，现今可提供的养老服务远不能满足日益增长的养老需求，许多老人仍面临无处养老的问题。

3. 老年人缺乏合适的养老方式，得不到有针对性的养老服务

同时，老年人因自身性格、生活习惯等原因，养老需求也不尽相同，家庭与社会目前所提供的养老服务往往不能满足老人的特定需求。养老院医疗条件不达标、护理不规范、收费标准偏高等，也使得适龄老人既没机会入住养老院，更不愿入住养老院。而传统家庭养老，往往让老人自己料理生活，缺乏沟通，造成了空巢老人精神上的孤独空虚。

16.1.3 行业发展分析

我国社会养老服务体系建设仍然处于起步阶段，还存在着与新形势、新任务、新需求不相适应的问题，主要表现在：缺乏统筹规划，体系建设缺乏整体性和连续性，社区养老服务和养老机构床位严重不足、供需矛盾突出，设施简陋，功能单一，难以提供照料护理、医疗康复、精神慰藉等多方面服务，布局不合理，区域之间、城乡之间发展不平衡，政府投入不足、民间投资规模有限，服务队伍专业化程度不高、行业发展缺乏后劲，国家出台的优惠政策落实不到位，服务规范、行业自律和市场监管有待加强等。

现存的一些养老服务网站服务范围过大，服务项目无法针对老年人实际

需求设置;信息更新周期长,使得老年人的实际需求无法得到满足,更无法及时得到满足;服务项目少,且多为价格高昂的收费项目。因此,成功接受服务的老年人客户就寥寥无几了。

16.1.4 目标客户

我们的目标客户针对两大群体:老年人及其子女。

(1) 老年人:关爱之家将着重向该类人群的生活需求、心理需求和技能需求提供免费服务和增值服务。

(2) 子女:因老年人这一特殊的群体对于网络的运用能力限制,关爱之家将在网站上推出一些老年人在日常生活中可能会用到的生活用品及服务项目,可供其子女为老年人献上孝心。

16.2 网站搭建内容和营销策略简述

16.2.1 平台功能介绍

针对老年人需求,我们设计了网站,栏目包括“健康养生”、“义工服务”、“荣誉展示”、“天气预报”、“新闻发布”、“生活服务”、“购物商城”、“广告”等(参见表16-1)。

表16-1 网站服务简图

服务需求	免费项目	平台业务	增值业务
生活需求	志愿者服务:打扫卫生、打牌下棋、晨练、钓鱼、陪同看病、卫生常识讲座、养身讲座、理财知识讲座、风景名胜赏析讲座、法律知识培训讲座	天气预报短信推送、实时新闻短信推送、饮食健康短信推送、理财知识短信推送、法律知识短信推送等	第三方家政服务、医疗机构服务、旅游公司夕阳游特色服务、金融投资理财公司服务、公证、法律机构服务等
心理需求	志愿者服务:喝茶聊天、心理疏导等	温馨短文短信	第三方心理咨询机构服务
技能培训需求	志愿者服务:家用电器、数码产品知识讲解、艺术技能培训		老年大学推荐

16.2.2 营销策略

1. 产品与服务的生命周期

产品(服务)的营销离不开对产品(服务)自身的分析,而随着时间因素的改变,其适合的营销策略也不尽相同。

(1) 导入期——推广。以良好的信誉,配合社区的推广以及以免费为主的优质服务扩大知名度,开拓市场,在老年人群体中形成良好的品牌形象。

(2) 增长期——质量。以良好的服务品质,形成自身的市场,通过老年人的良好评价,让更多的老年人参与享受到关爱之家的义工服务。

(3) 成熟期——周到。通过延长服务链,引导老年人享受增值服务,实现平台经济效益与社会效益的统一。

(4) 衰退期——创新。不断推出新的义工服务,替代原有衰退的产品与服务,改变产品生命周期曲线,实现可持续发展。

2. 平台核心文化建设

项目的运营、团队的建设离不开核心文化的建立与发展。

(1) 树立良好形象。作为社会公益服务平台,关爱之家义工系统并不以盈利为主要目的,因此,树立良好形象,获得积极评价,才能使得平台更好地为更多的老年人服务。

(2) 志愿者的价值观引导。作为以大学生为主体的志愿者群体,除却给予他们实现社会价值的机会与平台,更多地,需要引导他们形成正确的价值观。

(3) 关爱老年人身心健康。关爱之家在提供各项服务的过程中,更注重在满足老年人物质需求的基础上,提高老年人生活质量与幸福感,改善老年人心理健康状况。

(4) 平台自身文化。作为一个大学生创业项目的一部分,平台自身也是企业文化的一种实体化。我们秉承为老年人服务宗旨,坚持经济效益与社会效益,个人价值与社会价值的统一。

3. 营销创新理念

(1) 免费服务为主、收费类生活服务为辅,实现社会效益与经济效益的统一。针对目前现存养老服务网站收费项目多且价格昂贵的问题,关爱之家老年人义工系统将志愿者服务与老年人养老相结合。

(2) 模式创新。我们通过线上和线下两种方式采集数据(如网络录入,表格填写,工作人员定时定点登记,社区工作人员登记等),通过网络的平台进行数据录入与信息发布。同时，通过供需的匹配，将老年人的需求与志愿者的服务、社会机构的服务相整合。

(3) 将大学生创业与社区养老服务结合。创新大学生服务社会的模式，通过学校与社区的对接，帮助解决我国存在的养老难题。

(4) 宣传。通过开放日活动、公益讲座、知识普及等活动，真正为居民服务，实现宣传与推广。

4. 营销领域

本网站营销领域如图 16-1 所示。

图 16-1　本平台营销服务领域

16.3　创业计划书摘要

16.3.1　组织结构

我们将细化部门，形成系统的管理机构(参见图 16-2)。由于初期人员不足，成员也会存在多部门兼任的情况。

16.3.2　平台运行

由于关爱之家老年人义工系统依托学校与街道，以无偿志愿者服务为主，因此其公益组织的性质决定了我们必须树立良好的形象，根据老年人实际需求不断完善和优化相关服务。

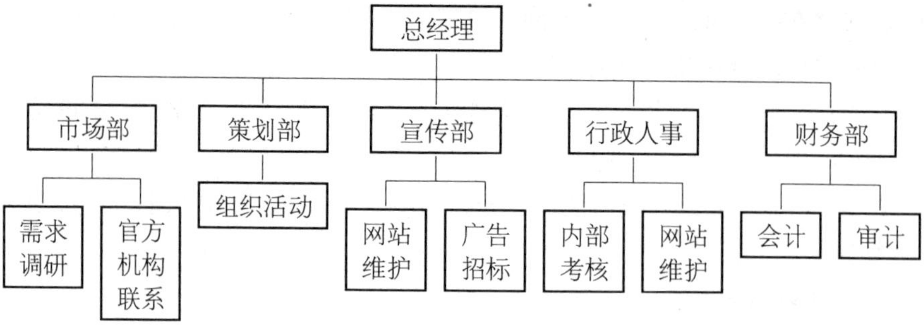

图16-2　平台管理机构示意图

(1) 关于目标客户老年人。我们必须根据老年人的实际需求,不断提供更多、更好、更优质贴心且到位的服务,以无偿服务为主,同时结合增值服务,构建完整合理的服务链,切实提高老年人养老质量,提高老年人老年生活的满意度,同时,实现平台经济效益与社会效益的统一。

(2) 关于合作的组织与商家。我们需要通过日常的活动,树立组织与商家的良好形象,推广其文化,提升品牌价值,为其开拓潜在市场。实现经济效益与社会效益的统一。

(3) 关于学校与街道。赢得学校与街道的认可,寻求学校与街道的支持。

(4) 关于志愿者。在实践过程中,志愿者获得了自我的认可与满足。我们要不断壮大志愿者队伍,提高志愿者团队的综合素质与业务能力。

(5) 关于平台。对平台进行包装宣传,提高自身影响力。

16.3.3　线下运作

从线下了解需求,在线上推出服务。线下服务作为线上平台推广的基础,是关爱之家义工服务系统起步的基点。

1. 线下团队建设

义工服务模式在我国仍是新兴养老模式。我们通过线下核心文化建设,管理团队和义工、志愿者服务队伍。

我们以考核及评赏制度,对义工、志愿者进行必要的督促和鼓励,义工、志愿者签约服务年限为一年,期满后可根据自身意愿决定是否继续提供服务。对所有服务时间长达到一定累积量的义工将颁发服务证书,而优秀的义工将对其颁发额外的荣誉证书及物质奖励。对服务能力较弱的义工,提供集中培训和学习机会,同时实行合理的人性化的淘汰制度。

2. 线下服务推广

为提高关爱之家老年人义工系统的知名度、老年人对平台的信任程度，以及对义工补充老年人养老生活的理解和接受程度，我们将平台已有的志愿者、义工及干事组织起来先行展开对口服务。

3. 合作关系开拓

(1) 与中国联通合作。计划与中国联通开展两个方面的合作。一是短信平台支持，根据老年人的需求为其推送免费短信服务；二是为老年人定制专用手机，关爱之家将定制老年人专用手机以略优于市场的价位向老年人宣传推销出售。

(2) 与锦江集团华亭海外旅行社合作。计划与锦江集团旗下华亭海外旅行社建立长期合作伙伴关系，为老年人提供舒适可靠、安全放心的海外游轮旅游专项活动。东华大学退休老教师已成行的韩国济州岛皇家加勒比游轮之旅广受好评，并有更多人表示期待新的行程，后续合作关系指日可待。

(3) 与购物网站合作。当老年人在尝试网络操作时，身边有子女子孙陪同的可能性非常大，因此老年人并非是我们唯一的目标客户群体，他们的子女也是作为我们最大的潜在消费者。与购物网站的合作，表现形式作为网页中广告位置出售，使之得以实现从关爱之家平台到购物网站的一键式到达。

(4) 与第三方家政服务机构合作。如今社会上的家政服务机构及其相关中介机构鱼龙混杂，子女为老年人寻找家政服务人员时往往需要支付非常高昂的中介费用，但依然很难获得心仪的服务人员。关爱之家计划与第三方家政服务机构形成合作关系，从老年人信任的途径，进行前期预判，展开连接第三方家政服务机构这项增值业务。

(5) 与交友网站合作。针对社交需求，与我校(第五届大赛特等奖队伍)老年人社交网站合作。

16.3.4 资金运作

通过财务预测，对关爱之家老年义工系统的财务状况有一个事先的了解，有效避免了未来财务方面的不确定性，把不确定性降低到最低，使预期目标与可能变化的周围环境和经济条件保持一致，使关爱之家老年义工系统的成员对于财务计划的实施效果有充分了解。

1. 成本预测

网站运作的成本估算如表 16－2 所示。

表16-2　网站运作的成本估算

2014年运营预计投入(2014年1月1日～2014年12月31日)			
项　目	用途明细	金　额	备　注
网站建设		2 665元/年	租用空间、域名及宽带费
网站经营与维护	网站维护	500元/月	
市场营销与推广	海报、视频、手册、平面展示	500元/月	主要分为校内和街道两个方面,力求形成较好的认知度与影响力
其他费用	(1) 调研费用 (2) 短信费用	100元/月 1 000 * 30 * 0.06 =1 800元/月	通过调研,及时完善平台建设,通过短信平台发送短信成本
总　计	37 365元/年		

2. **收入预测**

网站运作的收入估算如表16-3所示。

表16-3　网站运作的收入估算

2014年运营预计收入(2014年1月1日—2014年12月31日)			
项　目	用途明细	金　额	备　注
广告赞助	广告位出售	11 000元/年	多为与无偿服务相关的商家
手机定制	老年手机	10 000元/年	与联通等手机运营商合作开发手机
学校扶持与政府购买	政府、学校拨款	60 000元/年	
增值服务		200元/月	
短信平台	短信利润	1 000 * 30 * 0.1 =3 000元/月	通过在短信结尾附带上商家信息,为商家进行公益宣传或直接商业宣传,从中收取广告费
总　计	86 400元/年		

3. **利润预测**

根据收入及成本的预测,关爱之家老年养老平台每年的收入为86 400元,成本支出为37 365元,在第一年将产生49 035元预计利润。

4. 财务预测分析

第一年收入大于成本，有 49 035 元的预计利润。从利润的构成来看，项目之初的利润主要来源于学校拨款、潜在的社会资金支持与政府购买，除去外部资金的援助，网站本身可以实现一定的盈利。随着业务的扩展投资将会增大，会花费更多的运营成本，可能导致亏损。但是，我们的平台每年都会得到来自政府的投入以及学校创业的赞助，所以，在网站运营之初不必担心由于网站业务拓展而带来的成本问题。

由支出表来看，网站的建设与维护、短信平台占了成本中很大一笔开支，前者为相对固定的成本费用，很难降低。所以，我们会在未来努力把短信平台的费用降低，借此降低成本。从收入上来看，广告赞助、增值服务、手机定制等项目都有很大的利润空间，开拓合作者，增加赞助商，推销定制老人系列产品都可以增加老年社工平台的收入。

所以，老年社工平台在投入之初，不会面临启动资金缺乏、网站业务无法开拓的问题。并且，老年社工平台有其稳定的利润，能维持稳步增长。

16.3.5 风险评估及规避

一旦投入运作，我们就将会面临一定的风险，做好风险的评估与控制，是有必要的。

1. 技术风险

关爱之家义工系统的用户友好程度、框架结构设置与美观度、板块设计、信息保密等都是关系着平台正常运作的重点。如何实现老年人需求与志愿者所提供服务的及时有效匹配更是重中之重。

在平台运作的初期，由于还处于摸索阶段，凭借王宗炜同学对计算机及网页制作的特长，即可完成网页的初级设计。之后，我们还会邀请我校计算机网页等专业的老师、电子商务从业人员指导，能够游刃有余地完成网页的设计。待项目正式投入运营，实现收益，规模扩大后，我们将聘请专业人员，对平台进行优化和维护，使得我们的平台成为用户友好型平台。

2. 市场风险

平台是否能够做好，除却技术方面，市场显得更为重要。由于该平台为学校、街道共同支持，具有极好的可信度，使得老年人敢于尝试并能够逐渐接受我们的志愿者服务。可观的人口基数，庞大的老年人人口规模使得我们的市场前景良好，发展空间广阔。

然而，平台是以网络方式体现，其本身的可复制性高，易被抄袭，潜在竞争者将陆续进入该市场，抢占市场份额。我们将立足自身平台建设与服务优化，积累固定客户，逐步扩大市场占有率。并且尽可能优化平台，使其能够满足老人们的所有需求，借此来树立品牌形象，形成自身良好的信誉，即便是在竞争者众多的情况下，也能够成为独树一帜、服务优秀的老年人养老平台。

3. 人事风险

作为大学生创业的团队，现有的成员分工明确，彼此之间合作密切，关系融洽，队内氛围和谐。然而，随着平台的发展，我们必然需要吸纳新成员加入，也可能面临人事变动与工作交接，如何维护团队的凝聚力，提升团队作战能力也是风险评估中的重要一环。

团队将注重自身文化建设，注重成员的个人发展与团队发展的统一，培养成员的责任感、归属感，营造和谐的工作氛围，在业务拓宽与平台扩张的过程中给予成员足够的发展空间，培养成员的主人翁意识。

4. 法律与纠纷

在平台运营过程中，可能会面临一些法律问题，并可能产生一些与老年人、商家的纠纷，通过与商家依法签订平等的合同，保障关爱之家义工团队与老年人的正当利益。同时，与志愿者、老年人分别签订协议，明确各方的权力与义务，规范操作流程，避免矛盾的产生。

5. 财务风险

首先是资金来源的问题，由于平台的运作成本相对较低，绝大多数业务都不需要太多的资金投入，因此对运作资本的要求不高。我们会在网站上设置广告位，通过出租广告位来增加收入。我们还拟定了各项增值服务，也可以增加平台的可观收入。

6. 经营风险

相对来说，老年人网络养老平台是个尚未兴起的行业，可借鉴经验少，行业变化速度快，信息收集难度大，因此，在经营过程中，风险也是不可忽视的。为了避免此类经营风险，我们会密切关注行业发展动态，通过调研来收集老年人的实际需求，更新完善业务设计，提升服务质量与顾客满意度。我们也会借鉴已有养老网站的成功经验与运营模式，实现与商家共赢，也实现我们养老平台的丰富性，弥补老人需求无法通过网络平台完成的不足。

指导老师点评

21世纪以来,人口老龄化问题突出,正日益成为影响上海经济社会健康发展所面临的严峻的社会问题。义工服务在国外,在香港等地已然十分普遍,且发展迅速,其作为社会养老的一种补充,作用已得到了广泛的认可。目前在上海,传统的家庭养老方式面临挑战。

本项目以建立老年人义工服务平台为切入点,提出了"基于网络家庭养老"的新模式。整个项目设计目标明确,即通过关爱之家老年人服务平台,整合了校园资源、社会资源,以社会创业的形式,将经济效益与社会效益相结合。本项目力求以简单而有效的方式,帮助解决老年人在日常生活中普遍遇到的困难,关爱老年人身心健康,提高老年人的生活质量,在满足社会养老需求方面贡献出力所能及的力量。本项目对平台运行、线下运作和资金运作也做了较深入的探讨,但对平台的服务内容和网站搭建的内容描述不深入,从而导致服务的效果和平台收入的来源不明确。

17　目标养成计划

参赛团队：上海对外经贸大学　正无穷团队

参赛队员：毕雪瑶　何佳欣　卢元翔　杨　帆　周　慧

指导老师：苏庆新

获奖情况：上海市大学生网络商务创新应用大赛一等奖

关键词：生活目标　线上线下　交流共享　公益活动　志愿者

17.1　项 目 介 绍

近年来大学生缺乏生活目标，人生定位模糊；或者虽然有目标、有理想，但是却在追求人生理想、实践目标的过程中，成为“言语上的巨人，行动上的矮子”；或一拖再拖，导致最后目标的失败。我们的“目标养成计划”旨在以公益活动的形式，通过宣传目标确定对人生规划的重要性来鼓励参与者设定目标，并在我们的督促协助之下，通过其自身努力，完成目标，改变上述现状。

首先参与者需要在我们的小站主页上设定一个自己的目标，我们会将之记录在精心设计的卡片上，根据每位参与者的不同情况，与其共同设定分阶段目标，并督促其完成。参与者之间更可以通过我们的线上交流平台和线下交流活动，互相激励、探讨，坚定他们的信念，杜绝因为各种内外在因素而放弃目标。另外我们会与大学城周边的商家合作，建立实体小站储存这些目标卡片，卡片的在外公示能使参与者时时通过它的提醒，勉励自己，以便完成在这个阶段所确立的目标。我们的最终目标是使参与项目的同学在心态及习惯上得到改善，同时在未来发展中，对其他学校推广这项公益项目，并招募志愿者，增加受益群体，最后建立不同学校间同学们互相激励、经验共享的良性平台。

17.2 需求分析

目前大学生普遍缺乏对自己大学学习和生活的一个详尽的计划和总体目标，一方面，很多学生处在毫无目的的状态中，甚至某些同学由于缺乏对自己的约束力，而整天沉迷于电子游戏、网络而不能自拔。另一方面，有些大学生即使为自己设定了目标，却在后期的实践过程中由于各种主客观因素放弃了目标，成为“言语上的巨人，行动上的矮子”。很多学校虽然开展大学生活规划等指导活动，但却收效甚微，学生依旧在“目标如何实现”等问题上陷入迷茫状态。身为大三学生，我们小组成员在大学生活和学习等方面拥有丰富的经验，可以对其他学生进行更加详细、更加贴近现状的指导和激励。同时，当我们的项目拥有一定的用户基数之后，参与者之间可以互相激励、探讨，更加坚定他们的理想信念，杜绝因为各种内外在因素放弃目标。综上所述，我们的“目标养成计划”在大学生市场上的需求是庞大的，内容是可行的。

在项目前期，我们针对松江大学城学生进行了一次小型的线下问卷调查，调查对象为大一、大二、大三学生，主要了解同学们对目标的实现情况、需求等内容。发放问卷调查 200 份，实收 191 份，有效问卷 186 份。

问卷调查分析：

(1) 每个同学都曾经为自己设计过目标，但是目标达成的概率却不足 30%。

(2) 其中，放弃目标的原因(多选题)，60%的同学是因为当初目标值设定过高无法实现，40%的同学是因为对目标实现的途径不当而不得不放弃，50%的同学是因为习惯懒散缺乏鞭策激励而气馁，30%的同学是因为缺少同类目标者的共勉，10%的同学因为其他客观因素而放弃。

(3) 关于现在目标的类别，80%的同学选择了学习类。

(4) 60%的同学都没有在设定目标的时候将目标细分具体化，以此来提高目标达成率。

(5) 关于目标的激励方式(多选题)，40%的同学选择短信定期鞭策，30%

的同学选择同类目标者的共勉，80％的同学选择相关的经验资料分享，另有5％的同学提供他们想要的激励方式。

通过问卷调查，可以基本确定我们的项目在上海对外经贸大学是有市场的。问卷调查同时对项目实施的方向有一定的指导意义。图 17－1、图 17－2、图 17－3 反映了调查问卷的基本情况。

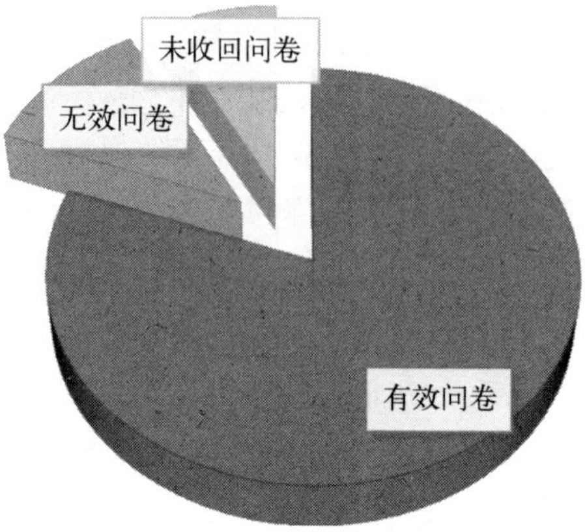

图 17－1　问卷情况饼图

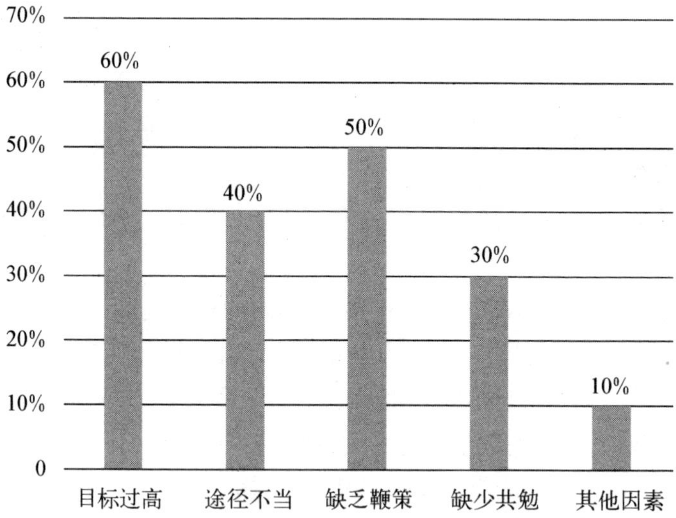

图 17－2　目标放弃的原因(多选)

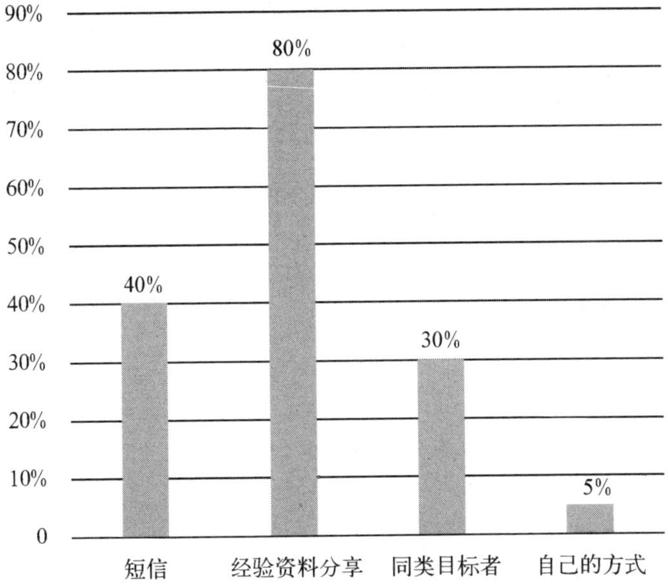

图 17－3　激励方式

17.3 项 目 实 施

17.3.1 前期准备阶段

为了让学生们了解到本项目，我们决定以线上线下同时进行的营销方式来吸引学生关注项目。

1. 线下靠“吆喝”

线下我们通过传单以及海报宣传我们正无穷团队的理念，让同学们了解目标养成计划，引导更多人关注目标并加入目标养成大家庭。海报设计的灵感源于：用鸵鸟形容意志不坚定的人群，一旦遇到困难便埋头躲避。但只要坚持努力，将迸发出自己的正能量，完成真正的“雄起”。海报的设计寄予着我们对每个目标挑战者积极向上、勇于挑战的态度和精神的殷切希望。我们将海报放置于大学城多个显眼的位置，目的是吸引同类目标用户对我们项目的关注。同时，我们也精心设计了 2014 年小挂历作为小礼品送给学生，挂历上有我们团队、项目的详细介绍和团队 Logo，我们把挂历设计成五彩缤纷的样式也正是符合我们的花样年华，而挂历所隐含的时间寓意也督促学生抓紧时间，以此来吸引目标客户，扩大团队的知名度。

另一方面，我们与大学城多家咖啡厅达成合作，将目标卡片做成实体精美小卡片放置于咖啡店中，以便大家进行填写。我们希望目标挑战者们能在一个轻松愉快的环境下，完成自己的目标设计。把目标当作一项挑战，却不会感到"亚历山大"。在他们的漫长成长历程中，目标卡片能像一枚闪闪发亮的勋章，提醒着自己坚守信念，永不言弃！同时我们也会把团队以及项目介绍印制成小册子放置在咖啡厅中，以便大家了解更多信息。

2. 线上靠"忽悠"

我们团队以各SNS平台(贴吧、微博、微信公共平台)为支点，把它作为我们的线上营销平台。首先，我们在平台上收集并发布积极向上的正能量理念和内容，传递正能量，吸引学生关注我们的平台，激发学生们的激情，引导学生关注目标，让学生了解目标养成计划，并加入到目标养成大家庭中，大家一起为完成目标而努力。其次，我们的平台也会不定期地举行一些活动与学生一起互动，定期发布一些话题鼓励学生自由地进行发言与交流，以此带动更多的学生积极加入到关注和讨论中。在这里，学生可以交流学习生活上的问题，我们鼓励学生多交流多沟通，拓展自己的朋友圈。并且慢慢引导学生多思考自己的目标、自己的理想，点燃学生的激情，使他们有实现目标的动力，渐渐融入目标养成大家庭。

在实施过程中，我们主要通过贴吧、微博、微信等营销工具进行一系列的网上营销。8、9月份正好是新生报到的时期，为了迎接新生的到来，让新生们在报到前对于大学生活有一个具体的了解，我们在上海对外经贸大学吧开了一个关于外贸以及大学城的介绍帖，为新生答疑解惑，并且向大家介绍了目标养成计划，扩大了目标养成计划的知名度，也积攒了大量人气。另一方面，我们也通过微博定期发布正能量内容，发布一些励志名言励志故事，带动大家的积极性，并且引导学生思考自己的理想、自己的目标，反思现状并做出改变，点燃大家的激情，使大家充满动力。同时向大家大力宣传我们的理念，吸引大家加入目标养成计划，在网上进行目标填写，方便正无穷小分队与其进行实时沟通。另外，微信作为即时通讯的重要工具，我们也把微信作为主要营销平台，向成员推送名言、励志故事，常识小贴士以及热门事件等，吸引学生的注意，带动大家的积极性。

同时为了更好地吸引用户群体跟随我们团队的脚步，我们也定期提供吸引用户的营销方案——即通过活跃用户大抽奖、赠送小礼品等形式吸引更多的用户关注我们的平台,并加入到我们的项目中来。

17.3.2 提交目标

在完成线上营销,建立了我们的目标群体后,我们将在 SNS 平台上发布"目标养成计划"的具体方案,并且鼓励学生们参加。参加的方式为在线上做成一张张目标卡片的模板,线下在咖啡厅填写卡片,学生将自己这一阶段最迫切想要完成的目标以及联系方式,希望得到的激励方式写入卡片,并且提交于我们,我们对所有的卡片进行收集分类。当我们从线上收集到大学生的目标卡片后,我们会根据前期所做的市场分析(即问卷调查)在学生同意的前提下进行小部分的目标调整和更换,最终完成目标的分类。

学生们可以选择在提交自己的目标后,把各 SNS 平台作为辅助他们实施目标的工具,他们通过互相的激励和扶持,为完成目标增加努力。同时根据不同的实施计划在需要的时候为学生送上鼓励和提醒,协助他们更好地完成目标。

这个项目的特色在于,我们不仅从线上完成营销以及大学生目标卡片的收集,同时我们在线下与大学城周边多家咖啡店进行合作,将目标卡片做成实体精心小卡片放置于咖啡店中。我们将每个学生的总目标分成几个阶段的小目标,以助其能更顺利地去完成目标。每个学生的实体卡片上将分成几个阶段的形式,这能帮助学生更好地认清现阶段的工作内容和奋斗方向,合理地进行规划,以更好地实行并最终完成目标。这样的合作优势在于:对学生而言,书面的记载卡片的展示有一定心理激励的作用;对于咖啡厅而言,我们给他们带来客流量也帮助他们增加营业额;对我们小组来说,会有更多的"组织"帮助我们监督学生们进行计划。这样的三赢模式相信谁都难以拒绝。

17.3.3 目标实施

SNS 平台的负责人与目标实践者一起分析现阶段情况(自身情况、目标情况),制订具体的有针对性的实施计划,包括分阶段目标,分阶段目标的完成时间等。在实施过程中,我们会按照实施计划在需要的时候提醒督促成员完成任务,对于已完成任务和未完成任务进行数据统计并发送给成员让其知道具体进度。对于已完成分阶段目标的成员进行奖励,对于未完成分阶段目标的成员进行督促,同时定期向成员们推送励志故事激励成员,保持成员的积极性。另外,我们还采取小组关怀的形式,让小组成员有一种团队共同完成目标的感觉,在小组中,小组成员可以互相分享经验,分享进度,得到互相的鼓励和关心,从而形成一种良好的奋斗气氛。在小组中,让每个成员都有归属感,大家一起朝着一个方向努力,从而产生协同效应,达到事半功倍的效果。

在我们设定的目标完成之后,我们会根据小组初始设定的目标考核机制对各个小组的学生进行考核,通过考核的成员将额外得到一份我们设定的目标完成激励奖。对于这个项目表现良好的成员,我们还将邀请他们为全体参与此次项目的成员进行分享,分享成功背后的曲折路,这样也更好地帮助我们团队在一些问题上进行改进,进而更好地规划下一阶段的项目计划。同时,对于每位参与该项目的同学,我们会将之前把目标分成几个阶段的卡片整合做成一份精美的礼物送给他们。这样既是记录了他们在这段时间内的努力成果,更是以此告诉和鼓励他们在今后的日子之中对于各种不同的目标也要有这样的信心和方法去完成,从而使他们在认知上得到进一步的提升。

17.3.4 完成目标

在经过正无穷团队成员和同学们的一致努力完成目标之后,我们会把在目标完成过程中搜集的点点滴滴,包括参与者的目标细分安排,每次线上线下交流活动中活跃的参与表现,制作成我们特有的成长手册。这本满载着团队成员辛勤劳动成果以及参与者励志回忆的成长手册,可以说是给我们彼此最好的纪念品。在此之后,我们会继续跟进完成目标者,收集他们对我们团队成员工作的反馈评价,并据此来改进我们自身。同时,基于上一期我们双方建立的信任强化关系,我们希望所有完成者能持续参加我们的项目,或对已完成的目标进行更上一层楼的努力,或选择新方向新目标全方位强化自己。

17.4 项 目 成 果

17.4.1 项目特色与创新

1. 分享成功者的经验之路

幸福的家庭都是相似的,不幸的家庭各有各的不幸。

许多案例中,同学们会给他们的失败找各种各样的借口。失败就是失败,我们不需要借口。我们有严格的奖惩机制,但这并不意味着我们要放弃那些目标实现失败者。失败的原因各有不同,但成功者的成功之路其实是单一且相似的。当他们的目标失败的那时刻,数份成功者的经验之谈会被送到他们的手上。我们根据每位失败者的目标类型,将相同类别的成功者经验之路分享给他们,指引他们选择正确的奋斗方向。这一切的实现都建立在我们与客户之间密切的关系和目标关键字检索上。不过我们的初衷并不是希望他们完全复制别人的道路,而是期许他们能够在借鉴学习成功者的同时,发现并改正自己的不足之处,从中寻找适合自己的定位和方法。

2. 细化目标,逐一击破

就算是金字塔也是由一块块石头积累而成的。

很多同学往往在制定最初目标的时候极其空泛且好高骛远。例如,有同学空留给"我要考研"仅仅简单几个字的目标,其中并未有具体信息,如考研时间、目标院校、期望专业等。这种目标以后往往难以完成,因为太空泛的目标往往给人遥不可及的感觉,以至于毫无实施的动力。我们抽样调查结果也显示:"目标定得过高"是很多人放弃追求目标的主要原因。所以为了更好的结果,目标必须被细分,再细分。因此,在收集用户目标之后,我们将根据每位同学的情况,将目标具体细化。这好比我们建造一座金字塔,建造前我们需要了解建造的方式以及建造所需材料等。在前期工作完成后,根据实力、总目标完成的期限,定下每一层建造的时间节点。踏踏实实地完成每层后,我们会意识到,看似远大的目标原来并不难实现。

3. 习惯成功的节奏,积累自己的优势

成功者往往越来越成功,失败者则越来越失败,这就是著名的马太效应。在完成目标的过程中,一旦每个小目标成功地完成后,我们往往有动力去做下一个目标。与此相反,如果一旦在即将完成第一个小目标之际惨遭滑铁卢,那将对他完成最后的总目标产生心理阴影,更甚者会直接放弃目标。实现目标的道路路途漫长,并不是说我们不允许失败。但如果接连几个阶段小目标都失败会严重打击人的积极性。失败不可怕,可怕的是你已经习惯失败。因此,为了杜绝此类现象发生,我们将初始目标简易设置,使目标实践者习惯成功的节奏,在成功中积累自己的自信心,并形成良性循环。

17.4.2 未来展望

1. 以现有团队增长目标估计群体人数

针对团队目标群体,持续参加目标养成计划项目的每位成员在目标实施过程中都会经历几次经验分享会，并且在目标完成之后都有一本成长手册。因此我们根据从项目开始阶段的6—10月的项目累计人数及其增长率估计得到今后每月项目人数参与率为10%。由于现有团队运营模式以及为了保证良好的督促效果，团队的最大饱和目标人数为200人次。因此，以目前的98人为基准，预计在明年6月将达到200人的规模。同时根据累计项目完成总人数及其平均增长率，我们团队也估算未来平均每月的项目完成率在27%。在项目完成人数退出后，我们会对加入我们团队的人数进行控制，将总人数控制在200人左右，以便达到更好的督促效果。

2. 团队扩张带动目标人数膨胀式增长，丰富形式迎合团队市场需求

到2014年6月，团队项目已经实施1年。根据之前团队达到饱和人数情况，团队自身需要扩张团队成员人数。保守估计(根据未来市场需要分析)，我们至少需要扩张1倍的团队规模，以此来应对市场需求。在团队人数增多之后，我们会丰富更多的模式来迎合市场需求。我们会将同类目标者聚集在一起，同类目标者在目标实施阶段总是具有类似的需求，因此，我们决定为其提供软文团购服务，即共享成功者成功之路，分享成功者所使用的完成目标的辅助产品，给予参与者经验之谈，以便为其提供优秀的服务，使其更好地完成目标。同时，我们也向所有的目标用户提供其他形式的软文服务，基于朋友圈进行营销，向所有目标用户提供全面的服务，建立良好的氛围，使每个用户对目标养成大家庭产生归属感。我们也为目标用户提供时间胶囊服务，方便一些希望储存长期目标理想的同学，确保其理想“保鲜”。这一系列的增值服务都将更好地吸引用户并保证项目的参与率和完成率，以此来保持团队的市场竞争力。

17.4.3 项目成果

从项目开始至今，我们团队在共同努力下推动着目标养成计划的实行。目前，我们已完成的项目成果如下：

(1) 以各大社交网站(人人、贴吧、微博)、手机应用APP(微信)为平台，开设目标卡片存贮小站。

(2) 各线上小站均达到了一定人气，其中新浪微博粉丝量538，微信粉丝534，一共收集到307份目标，其中有效目标156份。

(3) 98位参与者持续参与互动，并按步骤实践目标。项目参与率达到63%。

(4) 线上交流群(QQ群、微信群等),按目标分类,98位同学全部参与。

(5) 线下实体小站举办了9次线下活动,分别是留学组(4次),考研组(3次),工作组(2次)。

(6) 共盈利1 475.3元。其中,成长手册盈利1 129元,交流会盈利346.3元。

我们希望将该项目得到继续深入的推广,督促更多人和我们一起完成目标,实现自我的超越和人生价值的实现,这也是我们最大的收获。同时借此机会,我们团队成员可以更好地锻炼自己的各项能力,用我们所学的知识指导实践,在实践中又极大地丰富了知识,更是一段难得的人生阅历!

指导老师点评

本项目针对大学生缺乏生活目标,人生定位模糊;或者虽然有目标有理想,但行动缓慢的状况,希望通过目标养成计划改善上述现状。

该项目以各SNS平台(贴吧、微博、微信公共平台)为支点,通过设定目标,记录进展,督促完成,使之成为线上线下交流的平台。这是互联网在大学生教育中应用的一个很好的尝试。

项目设计思路基本清晰,目标设定合理。但项目运作的特色和创新不够,这一点是应当注意的。项目的生命力在于本身设计和营销的创新。一个好的想法,一定要有一套有效的措施加以保障,这个项目才能够生存下来。从这一点看,本项目还需要进一步地加工和深化。

18 网购消费者权益保护
——E维权网站策划书

参赛团队：华东政法大学 E维权团队
参赛队员：刘 勇 王未亦 汪 瑾
指导老师：杨立钒
获奖情况：上海市大学生网络商务创新应用大赛三等奖
关键词：维权 第三方 消费者权益

18.1 项目背景

近年来，网上购物成为一种潮流，与传统购物相比，网上购物具有快速、方便和廉价的优势，网上购物已经成为一种重要的网络交易形式，对于促进我国网络市场的繁荣发展、推动生活服务业的网络化起到了积极的作用。但是网上购物的风险性和安全性并没有随着信息化的发展而有所改善。相反，由于网络的虚拟性、开放性、无区域性，使得网上购物在形成巨大优势的同时也产生了大量的风险，消费者的权益受到极大的威胁。本项目基于这一现状，建立"E维权"平台，旨在通过这个平台为保障网络消费者权益做出贡献。

表18 网络购物与传统购物的对比

	优 势	劣 势
网络购物	1. 方便快捷，不受时间不受地点限制。 2. 网购比传统购物便宜。 3. 可以获得最大的信息量，货比N家。	1. 交易双方不明确。 2. 对产品的描述不理解或描述有误。 3. 配送时间不定。 4. 退货复杂和困难，售后很难保证。

续　表

	优　　势	劣　　势
网络购物	4. 不必怀揣巨款购物。 5. 商品容易查找。	5. 欺诈、假冒伪劣、虚假信息。 6. 网络购物的安全隐患，网上支付有风险。
传统购物	1. 买到的物品货真价实的概率相对较大，降低退换货概率。 2. 固定的店面及店员，具有一定信誉，服务更多。 3. 欣赏店内装饰，增加购物快感。 4. 增加出门机会，增加身体锻炼和人际沟通的机会。	1. 购物成本较高，商品价格高。 2. 寻找商品费时费力，获得的商品信息有限。 3. 现金及银行卡有丢失的风险。 4. 受商店营业时间和地点的限制，不能享受全天候的购物。

项目在充分调查网络市场的基础上，分析现阶段网络投诉的特点有以下两点。

18.1.1　网络投诉量居高不下

据央视3·15晚会收到的各类线索统计，网络购物投诉量位居榜首，其中团购成网购投诉重灾区。

近年来，网络购物呈逐年上升趋势。随之而来的是投诉量的水涨船高。就网购消费投诉情况及节日期间网购需注意的事项，人民网的记者采访了北京市工商局。

据北京市工商局2012年度的统计数据显示，涉及网络购物的投诉量占投诉总量的50%以上。网络购物投诉居前五位的为：手机及手机配件、日用杂品、服装鞋帽、家用电器和食品。(摘自人民网)

18.1.2　网购消费者权益保护无门

如何保护消费者在网购过程中的权益，无疑成为引人瞩目的新课题。为规范网络团购市场经营秩序，维护网络消费者和经营者的合法权益，2012年3月12日，国家工商行政管理总局以工商市字〔2012〕39号印发《关于加强网络团购经营活动管理的意见》，该意见使消费者在网购中的权益得到了有力的保障。虽然国家政府加大了对网购市场的监督管理以及网购消费者权益法律方面的建设，但是这个步骤仍然处于起步阶段，市场、社会的滞后性让消费者权益的保护实际上仍处于“真空期”。在现实生活中,消费者依旧没有很好的维权方式去应对侵权行为,从而维护自身的权益。针对现今我国网络购物面临的问题和难题,本项目建立的平台有以下目标。

18.2 项 目 目 标

18.2.1 成为维护网购正常秩序以及消费者权益的平台

面对上述不足,我们希望通过这个项目的实施及真正应用,能够为消费者提供高质量的一站式的维权服务,迫使网店商家更加关注消费者的权益,真诚地为消费者服务。也希望我们的网站能为规范我国网购消费市场的交易秩序、树立市场道德、提升市场层次尽力。

18.2.2 成为获得消费者信赖的平台

通过维权师实名认证,对维权师的评价机制、对消费者维权信息的保密等站在消费者的角度为消费者着想,树立本平台在消费者心目中的形象以及地位,赢得消费者的信赖与好评。

18.2.3 成为全国消费者维权的专业平台

在当下,消费者维权网站缺失,真正做实事、做业务、为消费者办实事的维权平台更是少之又少。此时,把握住机会,打造出全国消费者维权的专业平台更是众望所归。作为一个以维权为主打的平台,更要把专业、权威放在首位。

18.3 网 站 简 介

18.3.1 网站内容简介

我们网站的名字叫"E维权",顾名思义,本网站致力于维护网上购物过程中的消费者权益。在当前网上购物投诉量激增,现有的维权方式无法有效维护消费者权益的情况下,我们创建了这样一个C2C+B2C、提供网上购物维权方案的网络平台。

18.3.2 消费者维权步骤介绍

在这个平台上，消费者可以通过注册会员，支付一定的费用购买我们提供的维权方案。为了方便注册会员寻找适合自己的维权方案，我们把这些维权方案按三个维度进行分类。首先，按照消费者网购的消费金额的大小划分三类，大额为1 000元以上，小额为100元到1 000元，还有其他。其次，按照消费网购的物品分为电器类、衣饰类、食品类、图书类、音响类。然后，消费者可根据自己的实际情况，到每个类别中去寻找适合自己的维权方案。再次，消费者认为自己的情况特殊或是以上类别中无适合的解决方案时，我们平台上还有“维权师”一栏，消费者可以和维权师一对一地交流，并由维权师提供独到的维权方案，同时消费者还可以向维权师授权，由其代理消费者向商家主张权益。

18.3.3 维权师

维权师必须经过本平台的实名认证以及信息提供以增加可信度。维权师等级分为钻石、白金、黄金、白银、青铜、新手六个等级，依据维权师的服务态度、胜率等方面打分，分数达到一定量就可以升到更高级别。在每名维权师的页面上，我们还设置有消费者的评价，通过服务态度、成功与否、方案有效性、处理及时性几个方面进行打分，有利于消费者的选择，同时也很好地对维权师进行监督。

维权师等级及晋升流程：

新手 → 青铜 → 白银 → 黄金 → 白金 → 钻石

18.3.4 其他方法

网站根据网店被投诉的次数、频率、侵权的金额，把这些被投诉的网店由高到低列入黑名单。此黑名单根据行业进行分类，每月更新。网站还有一个非常重要的部分，就是消费者对网站运行的反馈，留有“留言栏”。在留言栏采用BBS的形式，对于泄露商业秘密、恶意、泄露维权具体方法等违规的留言进行屏蔽。

18.4 市场可行性分析

18.4.1 竞争分析

(1) 目前维权网站

当前,由于消费者被侵权事件的多发,不论是现实交易还是网上交易,消费者的权益都很难得到保障。同时,随着互联网技术的不断发展,互联网普及率的不断提高,我国的网民人数不断增多,人们越来越多地倾向于在网络上寻求解决方案。但是我们现在的网络维权网站,如维权365、中国维权、大家维权、诚搜网、维权网等网站多是复合型的网站,既面向现实交易侵权也服务网上交易侵权,网络购物维权只是网站的很少部分。现在的这些维权网站都是作为实体维权公司的网络部门,通过这个部门延伸拓展公司的客户。这样笼统的不加细分市场,就会导致不能更加专业地服务网购消费者。同时,在这些维权网站上,网购被侵权者之间是无法相互交流的,只能是被侵权者和维权师之间的单向交流。

因此,我们E维权精确定位于细分市场——网上购物的侵权,提供差异化的专业维权方案。不但可以避免这些大型网站的激烈竞争,也可以培养我们的固定客户群,建立网站持续发展的基础。

(2) 本平台——E维权

本平台是专门的面向网络购物被侵权的专门平台,整个平台提供的信息都只与网购侵权有关,而不像现在的维权网站,犹如"多面手",涉及所有的侵权案件。作为一个信息交互和维权方案提供的复合型平台,本平台既可以向消费者提供维权方案,也允许注册会员进行线上交流,实现注册会员的维权信息和心得共享,在这种共享中实现价值。

18.4.2 目标市场分析

中国电子商务研究中心数据显示,2012年中国网络购物用户规模达2.47亿人,而2011年数据为2.03亿,同比增长21.7%。预计2013年底中国网络购物用户规模将达到3.1亿人。同时,据央视3·15晚会收到的各类线索统计,网络购物投诉量位居榜首。网购消费者维权要求强烈,为网购消费者提供维权方案和维权服务的市场庞大。

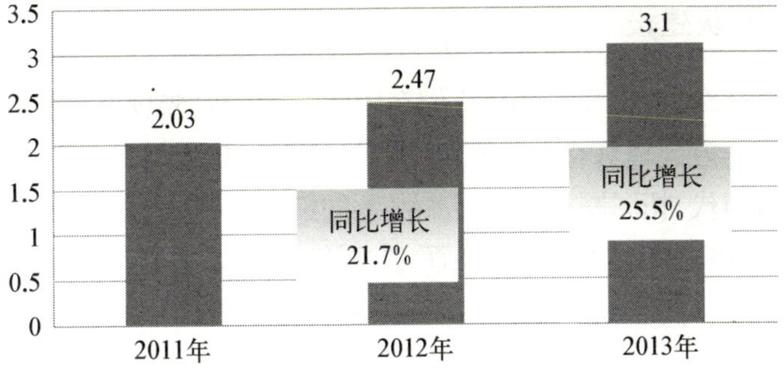

图18 2011—2013年中国网络购物用户规模

18.4.3 消费者习惯

具有网购习惯的消费者习惯于网上的交流以及喜欢网络带来的便捷，喜欢享受网络的高速和高效，而对于本来价格就不算高昂的商品进行维权、投诉会让消费者觉得没有必要。这就给了侵权行为以可乘之机。但如果通过我们的平台，既可以维权又可以省时省力，两全其美。因此，改变消费者的习惯，可以减少网购维权的漏洞。

18.5 运作和盈利模式

18.5.1 运作模式

我们网站既是一个信息交互平台，也是一个维权服务提供平台。作为第三方，我们是为被侵权的消费者和维权专家提供联系的信息交互平台。在我们这个平台上，我们的注册会员可以通过搜索，找到权威的维权师。然后会员可以一对一地与维权师进行交流，详细地向维权师叙述侵权经过。维权师根据情况分析，评估消费者的损失，再为消费者提供一整套适合的维权方案。该平台也允许会员发布自己在维权过程中的心得、技巧。

同时我们也是一个维权服务的提供平台。网站自身也有一支专业的维权队伍，队伍中的每个成员都是拥有丰富维权经验的资深维权师。在网站上，消费者可以直接指定我们的维权师来帮助分析提供维权方案。如果消费者自身已经无法向侵权商家交涉维权，我们网站可以代理被侵权消费者向商家索赔。

18.5.2 团队建设

由于网站双重身份的定位,我们在团队建设的时候就必然要考虑到这方面的影响。一方面招募有专业能力的网站建设维护人员,保证网站日常运转和及时更新换代,拓展网站在不同平台上的应用;另一方面,维权师队伍的招募,必须包括电子商务师、维权律师、谈判专家,如此才能保证我们队伍的专业性。

18.5.3 盈利模式

我们的盈利模式包括两个方面。一方面,每一笔在网站上发生的维权方案交易都会产生交易额,我们会按照比例从卖方抽取交易费;另一方面,通过扩展注册会员的规模、增加日登录量,扩大影响力,从而吸引广告投资。

18.6 营销和推广

18.6.1 营销策略

我们网站把"为消费者提供最适合的维权方案"作为第一理念,满足消费者的需求是我们所有经营活动的第一标准。目前我们采取产品(Product)、定价(Price)、渠道(Place)、促销(Promotion)的4Ps策略。在产品方面,维权方案不断更新,推荐个性服务;在定价方面,分级服务、差别定价,做到价廉物美;在渠道方面,以优质服务打造品牌、增加浏览量和会员注册量;在促销方面,定期推出明星维权师的特价服务,提供知名律师的优惠咨询。

18.6.2 推广

有资料显示,学生占网购人数的比例很大。目前,作为大学生创办的网站,在学校推广是发挥我们的优势,也可以减少我们的成本开支。

(1) 我们可以通过每年的新生入学以及和学校的社团合作,举办网购维权的专家讲座,宣传维权知识,提高网站在学生中的知名度。

(2) 通过EDM直投。当我们举行活动时,提前进行宣传。

(3) 通过微博、人人网、淘宝等不同的社交、购物网站进行捆绑式宣传,从社交网站的口口相传再到与购物网站结合,打通购物网站的售后服务环节,起到口碑效应的作用。

可以预见,如果可以帮助这些购物网站解决投诉以及售后问题,也将是其喜闻乐见的。因此,可以联合购物网站,互利共赢。

18.7 平 台 亮 点

18.7.1 平台自主双向模式

在用户注册成为维权师的同时,也可以成为提出诉求的顾客。利用社会各界力量,吸引源源不断的维权师,而需要维权的顾客也可以有朝一日成为维权师,为他人维权,分享维权技巧、方法、经验……利用流动的人才形成双向、自主的运营模式。

18.7.2 第三方客观角度

作为一个独立的第三方网站,它独立于任何组织,在维权的过程中,可以做到公平、公正。弥补维权不便、维权不公等维权漏洞。

18.8 总 结

本平台以维权、公平、公正为宗旨,旨在为消费者提供一个具有执行力、高效的维权平台,让消费者不至于投诉无门。配以会员制度、评价制度、双向自主模式、店铺黑名单、留言板等,为消费者制造一个公正、保密的维权氛围。公开的维权师的评价制度为顾客选择维权师提供了标准。而维权师的晋升制度更是为维权师提供了一个积极、良性的服务心态与环境。

指导老师点评

网络购物的迅速发展,是对传统市场、实体产品的变革。在互联网环境下,消费者从原先实体市场购买实体产品的行为,转换成多渠道购买多种形态的实体产品和虚拟产品的复杂行为。面对复杂行为的发展,网络的虚拟性、开放性、无区域性,使得网上购物在形成巨大优势的同时也产生了大量的风险，消费者的权益受到极大的威胁。如何把握新市场中的发展机会，如何提升互联网渠道的有效性和可信度，成为网络购物中急需解决的问题。

本项目以网络消费者权益保护为切入点，紧紧抓住了网络购物中极难解决的问题，包括取证难、论证难、判证难等一系列问题，建立了系统有效地解决网络维权活动的思路。整个项目设计目标明确，运作中阐述了消费者投诉的有效步骤，并创新地提出了网络维权师的评价标准，展现了这个平台的全面性和可行性。

后　记

近年来，我国电子商务保持了快速发展的好势头。2013年，全国电子商务交易额突破10万亿元大关，同比增长30%；其中，网络零售交易额跃居全球第一，总额超过2万亿元，同比增长57.2%，相当于社会消费品零售总额的8.8%。中国已经成为世界上最大的网络零售市场。

伴随着电子商务的快速发展，企业对电子商务人才需求不断增长，上海市陆续有十余所大中专院校开设了电子商务相关专业。但是不同于以往任何一个行业，电子商务属于复合型极强的跨界行业，在短时间内发展迅速，它涉及信息技术、经济、外贸、金融、市场营销和管理等多个领域，对人才综合素质和实践经验要求较高。因此，通过电子商务比赛引导学生将理论知识与实践相结合是非常重要的。

香港杏范教育基金会和上海市电子商务促进中心出资支持了本书的出版。他们认为，书中所收集的作品都是大学生和指导老师辛勤劳动的结晶，具有很好的创意，可以作为大学生创业的参考。将这些作品汇集出版，不仅是对这些学生和老师劳动的肯定，也有利于低年级同学在以后的比赛中参考。

上海理工大学朱小栋、张宝明、冯岑明老师，王林、尹诗等同学参加了资料的整理和文稿的校对，东方出版中心鲁培康编辑给予了多方的支持，在此，表示真诚的感谢。

杨坚争

2014年7月15日

（作者为上海理工大学管理学院教授、博导）

图书在版编目(CIP)数据

2013年上海市大学生网络商务创新应用大赛优秀作品精选/杨坚争,赵庚升主编. —上海:东方出版中心,2014.12

ISBN 978-7-5473-0732-8

Ⅰ.①2… Ⅱ.①杨… ②赵… Ⅲ.①电子商务-案例-汇编-中国-2013 Ⅳ.①F724.6

中国版本图书馆CIP数据核字(2014)第239925号

2013年上海市大学生网络商务创新应用大赛优秀作品精选

出版发行:东方出版中心
地　　址:上海市仙霞路345号
电　　话:62417400
邮政编码:200336
经　　销:全国新华书店
印　　刷:昆山市亭林印刷有限责任公司
开　　本:710×1020毫米　1/16
字　　数:238千字
印　　张:15
版　　次:2014年12月第1版第1次印刷
ISBN 978-7-5473-0732-8
定　　价:35.00元